क़िस्सों की दुनिया

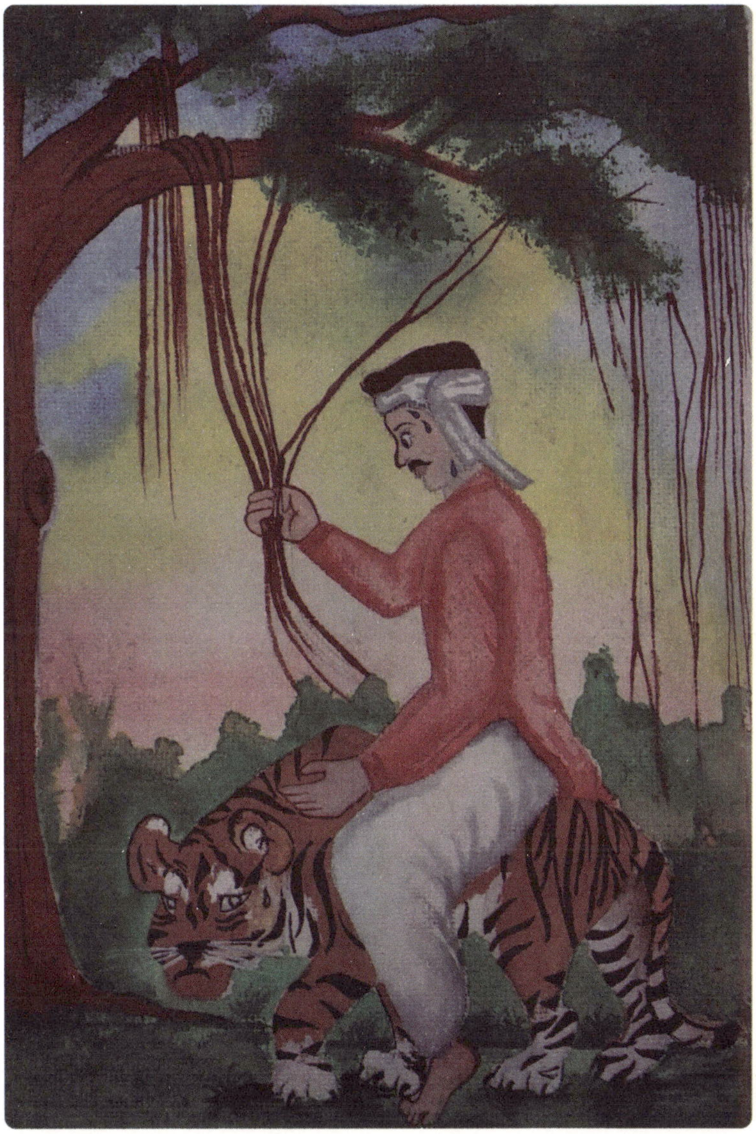

क़िस्सों की दुनिया

मराठी बाल कहानियों का प्रतिनिधि संकलन

अनुवाद एवं सम्पादन
प्रमोद पडवल
उमेश कुमार

वाणी प्रकाशन

बनारस हिन्दू विश्वविद्यालय के आर्थिक सहयोग से प्रकाशित।

वाणी प्रकाशन

4695, 21-ए, दरियागंज, नयी दिल्ली 110 002

फ़ोन : +91 11 23273167 फ़ैक्स : +91 11 23275710

शाखाएँ

अशोक राजपथ, पटना 800 004, बिहार

कॉफ़ी हाउस कैम्पस, महात्मा गांधी मार्ग, इलाहाबाद 211 001, उत्तर प्रदेश

महात्मा गांधी अन्तरराष्ट्रीय हिन्दी विश्वविद्यालय, वर्धा 442 001, महाराष्ट्र

सुल्तानिया रोड, मोतिया पार्क, भोपाल 462 001, मध्य प्रदेश

www.vaniprakashan.in
marketing@vaniprakashan.in
sales@vaniprakashan.in

KISSON KI DUNIYA
Translated & Edited by Pramod Padwal / Umesh Kumar

ISBN : 978-93-89012-66-8
Children Literature

प्रथम संस्करण 2019

मूल्य : ₹ 495

सिटी प्रेस, दिल्ली-110 095 में मुद्रित

वाणी प्रकाशन का लोगो मक़बूल फ़िदा हुसेन की कूची से

तमाम बाल मित्रों को समर्पित...

आभार

प्रस्तुत पुस्तक के लिए चुनी गयी अधिकांश सामग्री 'बालभारती' व 'किशोर' पत्रिका से सम्बन्धित है। इस सामग्री का मराठी से हिन्दी में अनुवाद/सम्पादन कर प्रकाशित करने की अनुमति देने के लिए हम संचालक, महाराष्ट्र राज्य पाठ्यपुस्तक निर्मिति व अभ्यासक्रम संशोधन मण्डल, पुणे के विशेष आभारी हैं। अपने स्तर पर भी सम्पादक मण्डल ने मूल लेखकों से सम्पर्क करने का प्रयास किया है। उनके द्वारा दिये गये सुझावों ने हमारे अनुवाद को बेहतर किया है। परन्तु इसी सन्दर्भ में यदुनाथ दत्तात्रय थत्ते व ज्ञानदेव पोल से हमारा सम्पर्क नहीं हो पाया। आशा है भविष्य के संस्करणों में इन लेखकों का सहयोग भी हमें प्राप्त होगा।

कहानियों तथा लेखों का चयन करते समय हमने किसी निश्चित कालक्रम का अनुसरण नहीं किया है। नये तथा पुराने दोनों तरह के लेखकों को स्थान दिया है। तदनुसार सम्भव है कि मराठी बाल–साहित्य का कोई महत्त्वपूर्ण लेखक इस संकलन में अनुपस्थित हो। प्रस्तुत संकलन में मुख्यतः बालभारती के ही पाठों का चयन किया गया है इसलिए यहाँ ज़्यादातर लेखक बालभारती से ही सम्बन्धित हैं।

पुस्तक के प्रकाशन हेतु हमें अनेक व्यक्तियों का सहयोग मिला है। सभी को हमारा तहेदिल से धन्यवाद! काशी हिन्दू विश्वविद्यालय के यशस्वी कुलपति प्रो. राकेश भटनागर जी को धन्यवाद जिनके सहयोग के बिना पुस्तक का प्रकाशन सम्भव नहीं था। साथ ही कला संकाय प्रमुख प्रो. अशोक सिंह जी का भी विशेष आभार। अंग्रेज़ी विभाग के पूर्व अध्यक्ष प्रो. माया शंकर पाण्डेय एवं संस्कृत विभाग के प्रो. सोमनाथ नेने जी के स्नेह के कारण हमारी राह आसान बनी, उनका शुक्रिया। काशी हिन्दू विश्वविद्यालय के प्रेस एवं पब्लिकेशन विभाग के पूर्व प्रभारी प्रो. राकेश रमन, वर्तमान प्रभारी प्रो. हीरालाल प्रजापति, पब्लिकेशन विभाग के अनुभाग अधिकारी व सहायक कुलसचिव (लेखा–बजट) को धन्यवाद देते हुए हमें अत्यन्त हर्ष हो रहा है। इस पुस्तक के प्रकाशन हेतु हमें काशी हिन्दू विश्वविद्यालय की तरफ़ से आर्थिक सहायता प्राप्त हुई। विश्वविद्यालय का विशेष आभार।

हम डॉ. आभा गुप्ता ठाकुर का विशेष रूप से आभार मानते हैं जिन्होंने पुस्तक के प्रारूप को न केवल ध्यानपूर्वक पढ़ा, अपितु महत्त्वपूर्ण बदलाव भी सुझाये। प्रो. माया पण्डित ने अत्यन्त अल्प समय में पुस्तक की भूमिका लिखी। आपका विशेष आभार।

संकाय के हमारे मित्र डॉ. प्रभाकर सिंह, प्रो. दिवाकर प्रधान, डॉ. नामदेव गपाटे, डॉ. राहुल चतुर्वेदी, डॉ. टी. जगदिसन, डॉ. विवेक सिंह का विशेष धन्यवाद, जिन्होंने समय–समय पर

हमारा मार्गदर्शन किया। सहयोग के लिए मराठी विभाग के कर्मचारी यासीन अहमद तथा कमलेश वर्मा का भी आभार। पुस्तक में शामिल कुछ चित्र हमें विकिपीडिया से प्राप्त हुए हैं, विकिपीडिया का मनःपूर्वक धन्यवाद।

हम अपने परिवार के सभी सदस्यों विशेषकर हमारे माता–पिता, प्रतिभा पडवल, डॉ. निलेखा सालुंखे, राधा गपाटे, प्रणव, प्रथमेश, अर्णव, तृप्ती, पंकज, वीना, अमाया, सिद्धार्थ, विपिन, संयोगिता, क्रितेश, राघवेन्द्र, कौशल, संगीता आदि का मनःपूर्वक धन्यवाद करते हैं।

अन्ततः हम वाणी प्रकाशन का, विशेषकर श्री अरुण माहेश्वरी का शुक्रिया अदा करते हैं जिन्होंने इस पुस्तक की सम्भावना पर भरोसा ही नहीं किया, अपितु रिकॉर्ड समय में इसे पाठकों के समक्ष लाने में महत्त्वपूर्ण भूमिका भी निभायी।

मार्च 2019
वाराणसी, उत्तर प्रदेश

प्रमोद पडवल
उमेश कुमार

प्राक्कथन

हमेशा से ही अनुवाद एक सेतु के रूप में प्रतीत होता है, जो भिन्न–भिन्न सांस्कृतिक विरासत, अनुभव व कलात्मक सृजनता से परिचित कराता है। यह सुनने में कितना भी राजनीतिक लगे परन्तु विश्व साहित्य की कल्पना व अस्तित्व इसी बात को साबित करता है कि सदियों से अनेक विभिन्नताएँ होने के बावजूद मानव समाज परस्पर एक–दूसरे के साथ जुड़ाव स्थापित करता चला आ रहा है। इस जुड़ाव का ही परिणाम है कि विश्व साहित्य की महत्त्वपूर्ण विधाएँ और लेखक हमारे साहित्यिक मानस–पटल पर मौजूद हैं। भारतीय उप–महाद्वीप में भी एक समय ऐसा था जब यह सांस्कृतिक एवं साहित्यिक आदान–प्रदान सहज रूप से होता था, परन्तु ब्रिटिश साम्राज्य की शुरुआत से ही केवल अंग्रेज़ी से भारतीय भाषाओं में या फिर भारतीय भाषाओं से अंग्रेज़ी में अनुवाद को ही विशेष महत्त्व दिया गया। परिणामतः भारतीय भाषाओं में परस्पर संवाद को ख़त्म–सा कर दिया। यही कारण है कि आज हमारी भारतीय भाषाओं के परस्पर सम्बन्धों में एक नकारात्मक शून्यता व ख़ालीपन दिखाई देता है।

मराठी 'बालभारती' व 'किशोर' पत्रिका से अनुवादित यह पुस्तक इस विषमता को दिखलाती हुई दो मायनों में ख़ास है। हालाँकि मराठी साहित्य की कुछ पुस्तकों का हिन्दी में अनुवाद हुआ है, जिसमें दलित आत्मकथाएँ विशेष हैं। परन्तु मराठी और हिन्दी में उपलब्ध प्रचुर साहित्य को देखते हुए यह अनुवाद पर्याप्त नहीं है। मेरा मानना है कि प्रस्तुत पुस्तक इस बढ़ते हुए असन्तुलन की रोकथाम में एक महत्त्वपूर्ण एवं सराहनीय क़दम है। दूसरा, इस पुस्तक में संकलित कहानियाँ व अन्य लेख, शायद पहली बार, मराठी में रचित बाल–साहित्य की काल्पनिक दुनिया को हिन्दी (बाल) पाठकों के सामने प्रस्तुत करने का प्रयास कर रहे हैं।

बाल–साहित्य की चर्चा करते समय यह जानना ज़रूरी है कि आख़िरकार बाल साहित्यिक विधा में क्या–क्या सम्मिलित होना चाहिए? कहानी, उपन्यास, कविता, नाटक और यहाँ तक कि कॉमिक पुस्तकें, कार्टून्स, चुटकुले और कभी–कभी नॉन–फ़िक्शन भी आज बाल–साहित्य का हिस्सा बन गया है। दरअसल बाल–साहित्य का इतिहास हमें 'बालक' (Child) व 'बाल–साहित्य' से जुड़े पथमार्ग व उपयोगों के बारे में दिलचस्प जानकारी देता है। ऐसा माना जाता है कि बाल–साहित्य का एक संस्था के रूप में उदय मूलतः यूरोप में ही पहली बार हुआ। परिणामस्वरूप पाश्चात्य सभ्यता में 'बालक' के इर्द–गिर्द विकसित हुई धारणा को समझाना ज़रूरी है क्योंकि भारतीय बाल–साहित्य भी उस धारणा से कहीं–न–कहीं प्रभावित होता रहा है।

संसार के लगभग सभी बाल–साहित्य मूलतः नैतिक मूल्यों (Moral Value) का ही प्रचार–प्रसार करते दिखाई देते हैं। नैतिक मूल्यों पर यह अथाह निष्ठा विक्टोरिया काल में

ईजाद किये गये 'बालक' (Child) व 'बचपन' (Childhood) की अवधारणा से प्रभावित है। इस काल में यह अवधारणा पैदा की गयी कि बच्चे वयस्कों से परस्पर भिन्न व मासूम हैं। इन्हें हमेशा देखभाल व मार्गदर्शन की आवश्यकता बनी रहती है। यह सोच यूरोप के प्रख्यात दार्शनिकों जिनमें लॉक व रूसो विशेष थे, से भी काफ़ी प्रभावित है। इस दर्शन में मानवीय दिमाग़ को एक कोरी तख्ती (Blank Slate) के समान समझा गया है। इस कल्पना के फलस्वरूप केवल वयस्कों के सान्निध्य में ही बच्चे सन्तुलित व्यवहार, नैतिक मूल्य व समाज के अनुसार स्वयं को ढाल लेने की प्रक्रिया व यात्रा में सम्मिलित होते हैं। एक समय लगभग यह मान लिया गया था कि बच्चों को विकसित करने का कार्य अभिभावकों व विद्यालयों पर ही पूर्णतः निर्भर है। यही कारण है कि यूरोपियन बाल–साहित्य में परम्परागत कहानियाँ, उदाहरणतः ब्रदर्स ग्रीम (जर्मन) आदि को ही बार–बार दोहराया गया।

हालाँकि इसी समय बाल–साहित्य में नये कथानकों की भी शुरुआत हुई, जैसे–'ऐलिस इन वंडरलैंड'। वहीं दूसरी ओर हैंस ऐंडरसन जैसे बाल–साहित्यकार अपने लेखन में परम्परागत व नये तरीक़ों का लगातार मिश्रण कर रहे थे। 'ऐलिस इन वंडरलैंड' जैसी पुस्तकों के आगमन से लगभग उपदेशात्मक हो चुके बाल–साहित्य को एक नया जीवनदान मिला। साथ ही बाल–साहित्य अब कपोलकल्पित, रसात्मक भावों की खेती करने वाले एक खेत में तब्दील हो गया। रोल्ड डाहल इस प्रगति के महत्त्वपूर्ण हस्ताक्षर थे। द्वितीय विश्वयुद्ध के बाद, कुछ नये विषय बाल–साहित्य में अपना प्रभाव स्थापित करने में सफल हुए। उदाहरण के लिए–जासूसी कहानियाँ, रोमांचकारी कथानक और बाल–शोषण (Child Abuse) जैसे विषय बाल–साहित्य में अब अपनी उपस्थिति दर्ज करने लगे।

इन्हीं सब बदलावों के कारण बाल–साहित्य को एक नये सिरे व मिज़ाज द्वारा समझा जाने लगा। इस समझ से बाल–साहित्य न केवल बच्चों का प्रतिनिधित्व करने वाले विविध तरीक़ों की पड़ताल कर रहा था अपितु उनके सामाजिक, राजनीतिक व सांस्कृतिक अस्तित्व को भी उजागर कर रहा था। साथ ही बाल–साहित्य अब समाज के हाशिए पर खड़े बच्चों व उनकी समस्याओं को विशेष रूप से उजागर करने लगा। कई अध्ययनों द्वारा बाल–साहित्य के माध्यम/इतिहास द्वारा आज औपनिवेशिक साम्राज्यों, परस्पर विरोधी विचारधाराओं, विश्व के दबे–कुचले समाजों, महिलाओं और तीसरी दुनिया (Third World) आदि महत्त्वपूर्ण मुद्दों को भी दर्शाया गया है।

उपर्युक्त विचारों के माध्यम से बाल–साहित्य पर विद्वत्ता का प्रवचन करने का उद्देश्य मेरा कदापि नहीं है। मैं तो केवल बाल–साहित्य व 'बालक' के इर्द–गिर्द विकसित धारणा की जटिलता को उजागर करना चाहती हूँ। इस जटिलता के कारण बाल–साहित्य केवल बाल–साहित्य न रहकर हमारे समाज की विविधताओं और समस्याओं को प्रस्तुत करनेवाला माध्यम भी बन जाता है। क्या आज भी हम विक्टोरियन काल में विकसित 'बालक' की परिभाषा को मान पायेंगे? भारतीय भाषाओं में रचित बाल–साहित्य के निरन्तर बदलते स्वरूप को देखकर कम–से–कम इस सवाल का एक जवाब तो हम दे ही सकते हैं।

परन्तु दुखद बात यह है कि यह कहना जितना आसान है, साबित करना उतना ही मुश्किल। विद्वानों ने कभी भी निरन्तरता से भारतीय बाल–साहित्य को अपने रचनात्मकता केन्द्र में स्थान नहीं दिया। दूसरा–भारतीय भाषाओं में परस्पर अनुवाद की कमी के कारण इन भाषाओं में मौजूद साहित्य और उसकी सांस्कृतिक विरासत इन भाषाओं से अनभिज्ञ पाठकों तक पहुँचने में निरन्तर असफल ही रही है।

सच्चाई यह भी है कि उन्नीसवीं शताब्दी के उत्तरार्द्ध से ही भारतीय भाषाओं में रचित बाल–साहित्य अपनी एक विशेष पहचान बनाने लगा। राजा शिवप्रसाद, प्रेमचन्द, ईश्वरचन्द्र विद्यासागर, रवीन्द्रनाथ टैगोर (जिनके बाल–साहित्य को नन्दलाल बोस ने चित्रांकित किया), अवनीन्द्रनाथ टैगोर, बिहारीलाल पुरी, गिजुभाई बाधेका (दो सौ पुस्तकें), रमणलाल सोनी, जीवराम जोशी व शंकर पिल्लई (चिल्ड्रेन बुक ट्रस्ट के संस्थापक) आदि साहित्यकारों ने भारतीय बाल–साहित्य को एक नया आयाम प्रदान किया।

मराठी भाषा में भी अनेक साहित्यकारों ने बाल–साहित्य के प्रति अपनी विशेष रुचि दिखायी। अन्य भारतीय भाषाओं की तरह ही मराठी बाल–साहित्य भी उन्नीसवीं सदी की शुरुआत से ही फलने–फूलने लगा। यह कहना अतिशयोक्ति नहीं होगी कि अंग्रेज़ी से मराठी में अनुवादित बाल–साहित्य ने कहीं–न–कहीं मराठी साहित्य व इसके 'प्रिंट कल्चर' पर एक विशेष छाप छोड़ी। उदाहरण के तौर पर लें तो सदाशिव काशिनाथ छत्रे द्वारा संचालित 'बालमित्र' पत्रिका दरअसल अंग्रेज़ी में बर्कक्वीन द्वारा सम्पादित बाल पत्रिका Children's Friends (बच्चों द्वारा रचित कहानियों का संकलन) का ही मराठी अनुवाद था।

वहीं दूसरी तरफ़ हरि केशवजी द्वारा रचित 'यात्रिकक्रमण' जॉन बनियन के 'पिलग्रिम्स प्रोग्रेस' का मराठी अनुवाद था। उपर्युक्त दोनों पुस्तकें (और इन्हीं के पदचिह्नों पर चलने वाली ऐसी अनेक पुस्तकें) न केवल अंग्रेज़ी साहित्य को मराठी पाठकों में लोकप्रिय बना रही थीं अपितु बाल–साहित्य में नैतिक मूल्यों का भी पुरज़ोर समर्थन कर रही थीं। तब से लेकर आज तक इसी परम्परा का निर्वाह करते हुए मराठी बाल–साहित्य ने आज (मराठी) साहित्य क्षेत्र में अपनी एक विशेष पैठ बनाई है। मराठी बाल–साहित्य के निर्माण में 'चाँदोबा', 'कुमार', 'किशोर' व 'बालभारती' आदि पत्रिकाओं का विशेष स्थान रहा है। जहाँ एक ओर इन पत्रिकाओं ने लगातार उत्सुक मध्यमवर्गीय बच्चों की जिज्ञासा शान्त की वहीं दूसरी ओर बाल पाठकों का निरन्तर मनोरंजन करते हुए उन्हें शिक्षित भी किया। क़रीबी पड़ताल करने पर पता चलता है कि दशकों से इन पत्रिकाओं के सम्पादन व सामग्री पर काफ़ी मेहनत की गयी है। यह इस मेहनत का ही नतीजा है कि इन पत्रिकाओं में एक सकारात्मक बदलाव प्रायः दिखता रहता है। उदाहरण के तौर पर 'किशोर' पत्रिका अपनी विविधता और बेहतरीन प्रस्तुति के कारण कई दशकों से वयस्क पाठकों में भी अच्छी–ख़ासी लोकप्रिय है। मुझे आज भी याद है, मेरे घर में 'किशोर' के नये संस्करण को पाने के लिए घर के बड़े लोग बच्चों से प्रतिस्पर्धा करते थे!

मुझे इस बात की बेहद खुशी है कि इस पुस्तक के लिए डॉ. प्रमोद पडवल और डॉ. उमेश कुमार ने 'बालभारती' व 'किशोर' से कुछ कहानियों एवं लेखों का मराठी से हिन्दी में अनुवाद किया है। यह पुस्तक न केवल हिन्दी के बाल पाठकों को उनके मराठी सहयोगियों से जोड़ने का काम करेगी बल्कि दो भारतीय भाषाओं को एक–दूसरे के समीप भी लायेगी।

इस पुस्तक को दो भागों में बाँटा जा सकता है। पहले भाग में बाल कहानियाँ हैं जो अपनी विशेष कथावस्तु व पुट के कारण प्रासंगिक हैं। वहीं दूसरे भाग में श्रेष्ठ व्यक्तियों के जीवन प्रसंगों को उजागर किया गया है। पहला भाग जहाँ काल्पनिक कथावस्तु के कारण बेजोड़ है वहीं दूसरा भाग सटीक तथ्यों पर आधारित है। अनुवादकों द्वारा पहले भाग में चुनी कहानियाँ जहाँ एक ओर अत्रे–आपटे जैसे पुरानी पीढ़ी के लेखकों से बाल पाठकों का परिचय करवाती हैं वहीं दूसरी ओर दवणे–मानकर–मुसले आदि लेखकों की कहानियाँ बाल पाठकों के लिए आधुनिक समय को रेखांकित करती हैं। हर कहानी एक नये विषय के इर्द–गिर्द घूमती है। कुछ की कथावस्तु मानव रुचि के अनुरूप बुनी गयी है तो कुछ कहानियाँ हास्य व मनोरंजन के द्वारा मानव संवेदनाओं को टटोलती हुई नज़र आती हैं। गचकअंधारी जैसे कहानी हास्य व विनोद भावों का उपयोग कर बाल दुनिया को कभी न दिखने वाले अनुभवों से परिचित करवाती है।

वहीं दूसरी ओर, 'मैं अमीर हूँ', 'छोटा रीचार्ज', 'सवाल बीस रुपये का', 'दीनू का बिल' आदि कहानियाँ मानव रुचि को सम्बोधित करते हुए छोटी–छोटी घटनाओं द्वारा बाल पाठकों को मनुष्य जीवन की विभिन्न स्थितियों और परिस्थितियों से अवगत कराती हैं। इन कहानियों के माध्यम से बाल जीवन में निहित हठ, रिश्तों की महत्ता, उनके जीवन में आने वाली विविध चुनौतियों को भी लेखकों व अनुवादकों ने बख़ूबी दर्शाया है। रोज़मर्रा की ज़िन्दगी से सम्बन्धित ये कथानक बाल पाठकों के जीवन में आने वाली सम्भावित चुनौतियों का हल भी सुनिश्चित करते हैं। पुस्तक का दूसरा भाग अपने देश एवं समाज को समर्पित महान हस्तियों जैसे ज्योतिबा फुले, सावित्रीबाई फुले, सन्त गाडगेबाबा, डॉ. बाबासाहब आम्बेडकर आदि के जीवन से सम्बन्धित है। यहाँ उनके जीवन प्रसंगों एवं विभिन्न घटनाओं के द्वारा उनके श्रेष्ठ बनने की जीवनयात्रा व संघर्ष को बाल पाठकों के समक्ष प्रस्तुत किया गया है।

मुझे केवल आशा ही नहीं बल्कि पूर्ण विश्वास है कि प्रस्तुत संकलन हिन्दी पाठकों में न केवल दिलचस्पी पैदा करेगा अपितु इसे उनका प्यार भी मिलेगा। अनुवाद के लिए प्रयोग की गयी भाषा को मैं ख़ासतौर पर बधाई देती हूँ। पुस्तक की भाषा अत्यन्त नैसर्गिक और सारगर्भित है जिसके कारण इसे पढ़ना पाठकों के लिए आसान व आनन्ददायी होगा। पुस्तक निश्चय ही न केवल बाल पाठकों के लिए बल्कि वयस्कों के लिए भी नये आयाम प्रस्तुत करेगी।

–माया पंडित
प्रख्यात अनुवादक

मार्च 2019
कोल्हापुर, महाराष्ट्र

अनुवादकीय निवेदन

"अगर आप एक वर्ष की योजना बना रहे हैं तो कोई फ़सल उगाइए। एक दशक की चिन्ता में हैं तो वृक्ष उगाइए। और यदि एक शताब्दी की फ़िक्र आपको सता रही हो तो बच्चों को शिक्षित कीजिए।"

कन्फ़्यूशियस (चीनी शिक्षाविद्)

"बाल जीवन उस कोरे काग़ज़ की तरह है जिस पर हर गुज़रती परछाईं कहीं न कहीं अपनी एक विशेष छाप छोड़ जाती है।"

चीनी कहावत

'मराठी बाल–साहित्य : प्रतिनिधि संकलन' इस पुस्तक का विचार गत तीन वर्षों से औपचारिक व अनौपचारिक रूप से हमारे बीच चल रहा था। हर्ष की बात है कि अंग्रेज़ी और मराठी में जारी हमारे ये विचार अन्ततः हिन्दी भाषा में आपके सामने प्रस्तुत हैं। अक्सर ही सुनने में आता है कि आज अंग्रेज़ी भाषा सभी भारतीय भाषाओं को निगलने पर आमादा है। शायद यही कारण है कि अक्सर ही 'अंग्रेज़ी हटाओ भारतीय भाषा बचाओ' के नारे हमारे कानों में पड़ते हैं। परन्तु साथ ही, दुखद होते हुए भी सच यह है कि प्रायः ये नारे राजनीतिक पटल लाँघने में असमर्थ रहते हैं। इस परिप्रेक्ष्य में क्या यह उचित नहीं होगा कि अंग्रेज़ी भाषा को दोष देने की बजाय हम इस बात पर भी नज़र डालें कि स्वयं भारतीय भाषाओं में आपसी संवाद की स्थिति कितनी मज़बूत है?

यहाँ यह बताना भी ज़रूरी है कि जो थोड़ा बहुत संवाद भारतीय भाषाओं में देखने को मिलता है वह केवल उच्च शिक्षा के साहित्यिक विभागों तक ही सीमित रहता है। और प्रायः इस सीमा की भी एक सीमा होती है। उदाहरण के लिए, मराठी भाषा में एम.ए. करने वाला विद्यार्थी अक्सर ही पड़ोस में पढ़ाई जा रही अन्य भारतीय भाषाओं के साहित्य से लगभग अनभिज्ञ ही रहता है। और लगभग यही स्थिति अन्य भारतीय भाषाओं में पढ़ने वाले विद्यार्थियों की एक–दूसरे की भाषा के प्रति होती है। लेकिन यह भी सत्य है कि इतनी भयावह स्थिति के बावजूद एक सूक्ष्म संवाद, शिक्षा के उच्च स्तर पर ही सही, भारतीय भाषाओं में आज भी क़ायम है।

हमारा मानना है कि यदि यही संवाद भारतीय बाल–साहित्य के स्तर पर भी सम्भव हो तो इसका लाभ केवल बाल–साहित्य को ही नहीं अपितु भारतीय भाषाओं को भी प्राप्त होगा। अक्सर देखा जाता है कि हमारे देश में माध्यमिक स्तर तक भाषा शिक्षा पर काफ़ी ध्यान केन्द्रित किया जाता है। हमारी शिक्षा नीति द्वारा अपनाया गया त्रिभाषा सूत्र भी इसी सोच का सूचक है। विभिन्न भाषाओं पर निर्मित पाठ्यपुस्तकों में प्रायः एक अभाव दिखाई देता है। उदाहरण के लिए, किसी भी हिन्दी पाठ्यपुस्तक को जाँचने पर पायेंगे कि इसमें उत्तर भारत का दबदबा बना रहता है। पाठ्यपुस्तक में आयी लगभग सारी सामग्री हिन्दी क्षेत्र के परिवेश, साहित्यकारों व संस्कृति के दायरे में ही बँधी दिखती है। इस पद्धति से विद्यार्थी भाषा विशेष को जानने में तो सफल होता है पर साथ ही अपने राष्ट्र की बहुआयामी संस्कृति, लेखकों, अन्य परिवेशों को जानने–समझने में पिछड़ जाता है। केवल अपने ही साहित्य, परिवेश और भाषा में शिक्षित हो रहे विद्यार्थी कहीं–न–कहीं 'तुलनात्मक दृष्टिकोण' को समझने में पिछड़ रहे हैं। जब तक हम तुलनात्मक दृष्टिकोण के विकास को अपनी 'पेडागॉजी' का हिस्सा नही बनायेंगे तब तक एक बहुभाषीय समाज की हमारी कल्पना केवल पॉलिसी के पन्नों तक ही सीमित रहेगी।

इस तुलनात्मक निरक्षरता के कारण ही हमारे विद्यार्थियों में आज एक संकुचित मानसिकता पनपती जा रही है। इस मानसिकता के कारण वे केवल अपने ही प्रान्त विशेष, भाषा, साहित्य व संस्कृति को श्रेष्ठ मानने लगे हैं। श्रेष्ठ मानने में कोई बुराई नहीं है, पर दूसरों के प्रान्त, भाषा, साहित्य व संस्कृति को अपने समतुल्य न मानना, निश्चित ही राष्ट्रहित में नहीं है। इस समस्या के निस्तारण हेतु हमें अपनी भाषाओं के पाठ्यपुस्तक निर्माण में एक खुली और तुलनात्मक दृष्टि अपनाने की आवश्यकता है। इस दृष्टि को विकसित करने हेतु अनुवाद की विशेष भूमिका है। अनुवाद की सहायता से ही हम अपने देश की सारी भाषाओं, प्रान्तों व उनके साहित्य को जोड़ने–समझने में सफल होंगे। परन्तु आज हमारे पास भारतीय भाषाओं में परस्पर अनुवादित सामग्री का ज़बर्दस्त अभाव है। हमारी यह पुस्तक उस अभाव को कम करने हेतु एक छोटा–सा प्रयास है।

पुस्तक के पहले भाग में चुनिंदा बाल कहानियों को सम्मिलित किया गया है। ये कहानियाँ एक ओर पाठकों के मनोरंजन के साथ–साथ जीवन के विभिन्न आयामों से हमारा परिचय कराती हैं वहीं दूसरे भाग द्वारा पाठकों को राष्ट्र–निर्माताओं, वैज्ञानिकों और श्रेष्ठ खिलाड़ियों के जीवन संघर्ष से रू–ब–रू करवाया गया है। हमें पूरा विश्वास है कि हमारा यह प्रयास भारत की दो शक्तिशाली भाषाओं को आपस में जोड़ने वाले सेतु का काम करेगा।

मार्च 2019

वाराणसी, उत्तर प्रदेश

प्रमोद पडवल

उमेश कुमार

अनुक्रम

छोटा रीचार्ज

रवि चन्द्रकान्त राजमाने (जन्म 1974) : अध्यापक के रूप में कार्यरत रवि राजमाने समकालीन मराठी बाल–साहित्य में तेज़ी से उभरता हुआ नाम हैं। इनकी रचनाएँ मशहूर मराठी बाल पत्रिका 'किशोर' में भी छप चुकी हैं। रवि राजमाने के दो प्रकाशित बालकहानी संग्रह 'हिरवं स्वप्न' व 'बालवीरांच्या साहसी कथा' आसानी से उपलब्ध हैं।

इस कहानी में लेखक रवि राजमाने ने अत्यन्त मार्मिक कथानक के द्वारा युवाओं को ग़रीबों के प्रति उनके कर्तव्य का बोध कराया है। कहानी में एक बूढ़ी महिला को ठगने के बाद उत्साहित वैभव उस वक़्त गम्भीर हो जाता है जब उसके शिक्षक उसे सच्चाई का बोध कराते हैं।

मेरा मानना है कि बड़ा रीचार्ज करने से हमेशा कम्पनी का ही फ़ायदा होता है इसलिए मैं बड़ा रीचार्ज करने से कतराता हूँ। अक्सर मैं तीस रुपये का ही रीचार्ज करता हूँ और फ़ोन पर बात करने में कंजूसी भी। वैसे छोटा रीचार्ज करने में मुझे घाटा ही होता है लेकिन जाने दीजिए। शिक्षक वैसे भी थोड़े कंजूस ही होते हैं–मैं भी अलग नहीं हूँ।

आज सुबह ही मेरे मोबाइल का बैलेंस ख़त्म हो गया। मुझे तत्काल कोल्हापुर फ़ोन करना था। इसलिए मैं समय से पहले ही घर से बाहर निकल गया। आज गाँव में वाउचर नहीं मिला तो मैं तुरन्त विद्यालय चला गया। विद्यालय पहुँचते–पँहुचते सवा दस बज गये। फ़ोन करना काफ़ी ज़रूरी था। किन्तु दूसरों का फ़ोन लेकर अपना काम निकालना मुझे कभी नहीं भाता। अतः मैंने तीस रुपये का रीचार्ज कराने का निश्चय किया।

स्टाफ रूम के बाहर देखा तो छठी कक्षा का वैभव बरामदे में मस्ती कर रहा था। ख़ूब गुलगुला और गोरा चिट्टा। उसके चेहरे पर हमेशा मुस्कान रहती है। मैंने उसे तुरन्त आवाज़ दी।

''अरे वैभव यहाँ आओ।'' वह दौड़ते हुए आया।

''जी सर! आपने मुझे बुलाया?''

''हाँ! एक तीस रुपये का 'एअरटेल' का वाउचर लेकर आओ।''

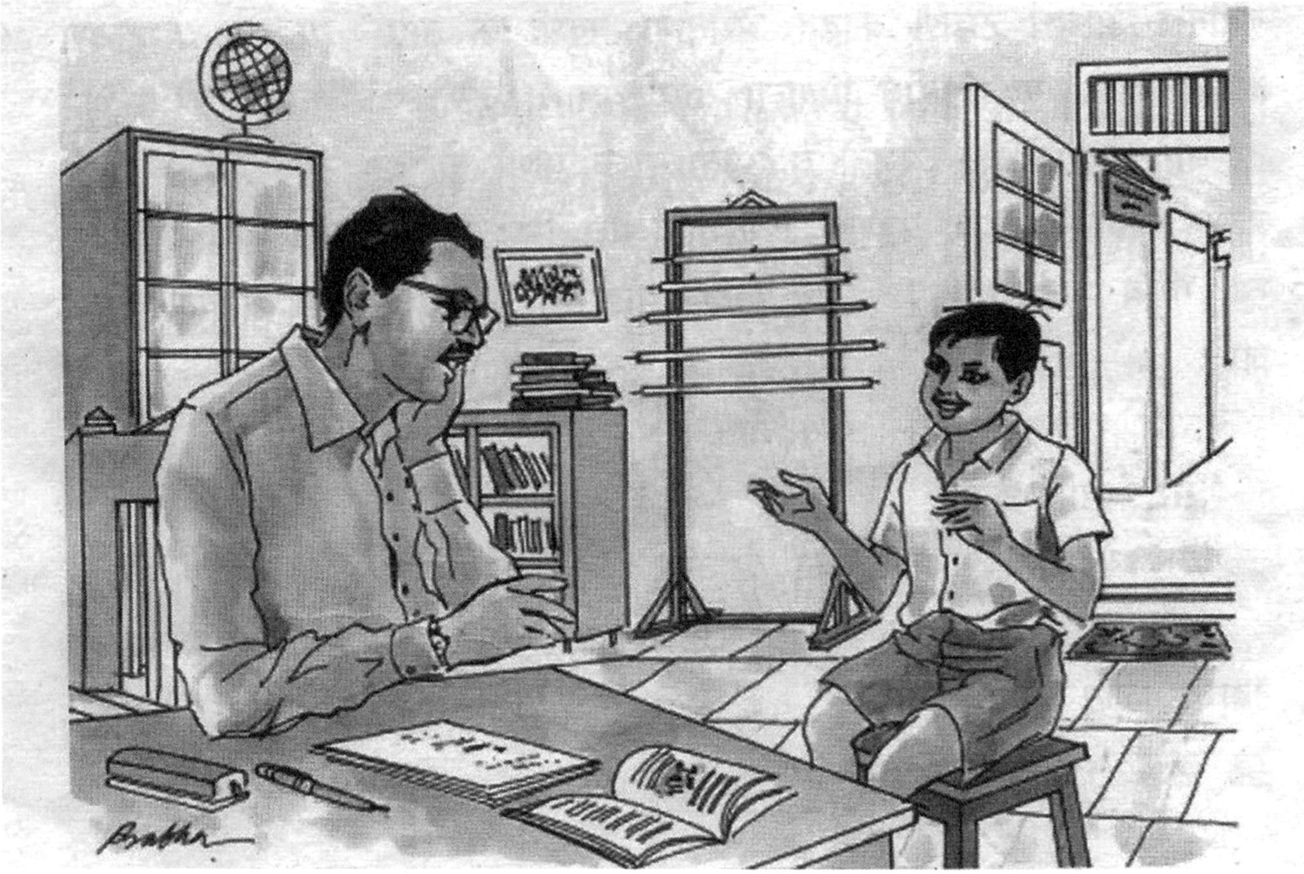

मैंने उसे पचास रुपये का नोट दिया। सभी छोटे बच्चों को हमेशा यह लगता है कि कभी–न–कभी वे अपने अध्यापकों के काम आयें। उन्हें केवल अवसर मिलना चाहिए। पचास रुपये लेकर वह दौड़ा रेलगाड़ी की भाँति। मैं उसकी तरफ़ देखता ही रह गया। मुझे 'ख़ुशी के आँसू' नामक पाठ कक्षा में पढ़ाना था। मैं उसके नोट्स निकालने लगा। कहानी में एक ग़रीब लड़के का जन्मदिन होता है। बगीचे में काफ़ी देर इन्तज़ार करने के बाद भी उसका कोई मित्र वहाँ नहीं आता। वह बगीचा छोड़कर जाने ही वाला होता है कि अचानक उसके सभी मित्र वहाँ आकर उसका अभिनन्दन करते हैं। ग़रीब लड़के की आँखों में 'ख़ुशी के आँसू' आ जाते हैं। कहानी छोटी होते हुए भी मन को छू गयी थी।

मैंने कुछ ही नोट्स निकाले थे कि वैभव लौट आया ।

''सर, मैं अन्दर आ जाऊँ?''

''आ जाओ। क्या तुम वाउचर ले आये?''

''नहीं सर, दुकान की बूढ़ी अम्मा के पास तीस रुपये का रीचार्ज नहीं है। उनके पास केवल दस रुपये का छोटा रीचार्ज है।''

''अरे तो दस रुपये वाला ले आते।''

मैं कुछ बोलता इससे पहले ही वह रेलगाड़ी की आवाज़ निकालते हुए तेज़ गति से फिर दौड़ गया। छोटे बच्चे निष्पाप होते हैं, जितना बताया जाये उतना ही करते हैं।

अब मैं उसका इन्तज़ार करने लगा। ठीक है दस का मिला तो दस का ही सही। बाक़ी कल देखेंगे। मैं सोच ही रहा था कि वैभव फिर से मेरे सामने आ गया। इस समय उसके चेहरे पर इतनी ख़ुशी थी कि पूछिए मत।

''सर, सर दस रुपये में मुझे दो वाउचर मिल गये। ये लीजिए बचे हुए चालीस रुपये।'' उसके चेहरे पर अपार ख़ुशी झलक रही थी।

''अरे दस रुपये में दो वाउचर तुम कैसे ले आये?''

वह हँसने लगा। ''सर, सर..., दुकान की बूढ़ी अम्मा फँस गयी। एक वाउचर दूसरे वाउचर से चिपका हुआ था, उसे पता ही नहीं चला। मैं वाउचर लेकर भाग आया। सर, हमें दस रुपये में दो वाउचर मिल गये।''

दो बार दौड़कर जाने के कारण वह हाँफ रहा था। मैंने उसे अपने पास बुलाया।

''वैभव, पहले तुम थोड़ा पानी पियो।''

''नहीं सर। मैं बाहर की टंकी से पी लूँगा!''

''अरे नहीं, ये पकड़ो पानी।''

मैंने उसे गिलास भर पानी दिया। अपने सर को दो वाउचर देने की सन्तुष्टि अब भी उसके चेहरे पर थी। परन्तु मेरे चेहरे पर उसे कहीं भी ख़ुशी नहीं दिखाई दे रही थी। वह थोड़ा विचलित हो गया और अजीब–सी नज़रों से मेरी तरफ़ देखने लगा। मेरे द्वारा और पास बुलाने के कारण वह घबरा गया।

''वैभव तुम स्टूल पर बैठो।'' एक बार घबराई–सी आवाज़ में उसने फिर कहा, ''सर बूढ़ी अम्मा सच में फँस गयी।''

मैंने उससे शान्ति से पूछा, ''वैभव, क्या तुम्हें पता है एक दस रुपये का रीचार्ज बेचने पर उस बूढ़ी महिला को कितने पैसे मिलते हैं ?''

''नहीं सर, मुझे नहीं पता।''

''एक दस रुपये के वाउचर को बेचने पर उस बूढ़ी महिला को केवल पच्चीस पैसे मिलते हैं।''

उसने आश्चर्य से कहा, ''केवल पच्चीस पैसे!''

''अब मुझे बताओ ऐसे कितने रीचार्ज कूपन बेचने के बाद उस बूढ़ी महिला को दस रुपये मिलेंगे।''

वह उँगलियों पर हिसाब करने लगा।

''एक... दो... तीन... चार सर, तक़रीबन चालीस वाउचर बेचने पड़ेंगे।''

''बिलकुल, तुम्हारा गणित एकदम सही है। अब मुझे बताओ चालीस वाउचर बेचने में कितने दिन लगेंगे?''

''सर, दो–तीन दिन।''

उसके चेहरे का उत्साह अचानक क्षीण हो गया था। अब वह परेशान होने लगा।

''तुमने बूढ़ी महिला को कितने रुपयों का नुक़सान पहुँचाया?''

''सर दस रुपये का।''

''और इन दस रुपयों की भरपाई करने में बूढ़ी महिला को दो–तीन दिन लगेंगे।''

अब वह असमंजस की स्थिति में पड़ गया।

''मुझे बताओ, अगर तुम्हारे दस रुपये खो जायें तो तुम्हें कैसा लगेगा? तुम्हारे माता–पिता के दस रुपये खो गये तो... या उन्हें किसी ने ठग लिया तो...?''

मेरे बिना कुछ बोले ही वह रोने लगा। मैंने उससे कहा, ''देखो, रोओ मत। रोने का कोई मतलब नहीं है। यह वाउचर तुरन्त उस बूढ़ी महिला को लौटा आओ। उनसे कहो कि उन्होंने ग़लती से दो वाउचर दे दिये।'' वैभव की आँखों में आँसू थे। वह स्टाफ रूम से बाहर निकल आया। इस बार उसकी रेलगाड़ी शुरू नहीं हुई। वह शान्ति से चल रहा था।

वैभव को रोता देख मेरा मन भी विचलित हो गया। फालतू में ही छोटे बच्चे को काम बताया। मैंने अपना काम स्वयं क्यों नहीं किया? मेरे डाँटने से उसका बाल मन कितना दुखी हुआ होगा? मुझे उसे डाँटना चाहिए था या नहीं, कहना मुश्किल था।

मैं अकेला विचार कर ही रहा था कि इतने में जाधव सर आ गये।

''क्या सर, क्या चल रहा है?''

''कुछ ख़ास नहीं, ऐसे ही कुछ सोच रहा था।'' इस बीच एक बार फिर मेरा ध्यान गेट पर गया। छुक–छुक गाड़ी एक बार फिर आ रही थी।

''सर, क्या मैं अन्दर आऊँ?''

''हाँ आओ। वापस कर दिया?''

''जी सर। मैंने वापस कर दिया।'' उसके चेहरे पर आनन्द की लहर थी।

''दुकान वाली बूढ़ी महिला ने क्या कहा?''

''कुछ नहीं, बूढ़ी महिला ने कहा, तुमको कब पता चला?''

''और?''

''मैंने कहा–बूढ़ी अम्मा मुझे माफ़ कीजिए। मुझसे ग़लती हो गयी। जैसे ही मैंने सर को बताया, उन्होंने तुरन्त इसे आपको वापस देने के लिए कहा।''

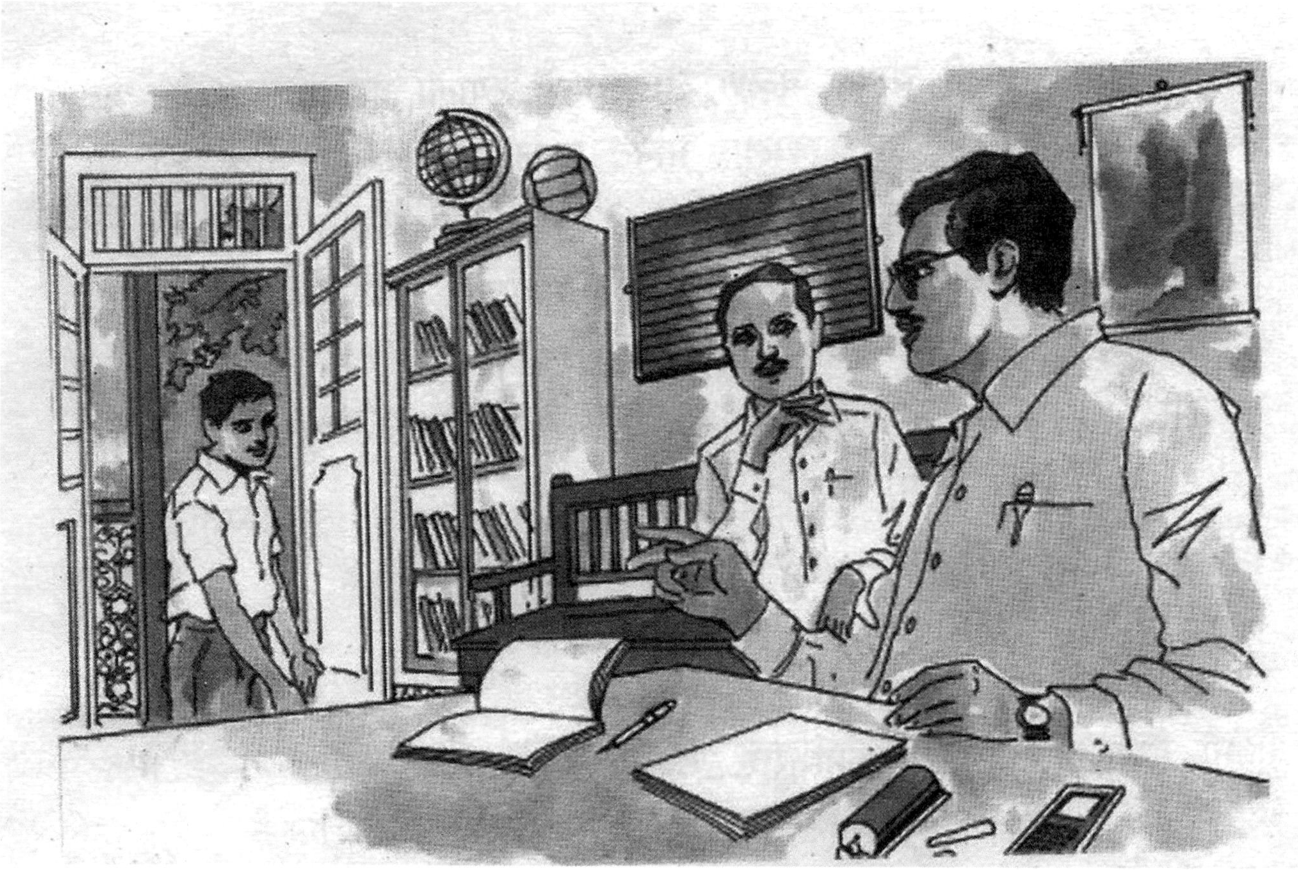

बूढ़ी अम्मा ने कहा, ''तुम्हारे मास्टर साहब सच में अच्छे हैं।'' और मेरे गालों पर हाथ फेरकर एक चाकलेट देते हुए बोलीं, ''तुम्हारे माता–पिता ने तुम्हें कितने अच्छे संस्कार दिये हैं।'' वह इतना ख़ुश हुआ कि आगे नहीं बोल पाया। उसको ख़ुशी हो रही थी और मेरा मन भर आया था। पास ही बैठे जाधव सर को हमारे बीच चल रही घटना की बिलकुल जानकारी नहीं थी। इसी बीच वैभव ने पूछा, ''सर, क्या मैं अब जाऊँ?''

''हाँ, लेकिन हमेशा याद रखना।'' वह प्यार से हँसने लगा। जाधव सर ने मुझसे एक बार फिर पूछा।

''सर, असल में हुआ क्या है?''

मैंने कहा, ''कुछ नहीं सर... छोटा रीचार्ज।''

गचक अंधारी

अशोक मानकर (जन्म 1959) : मराठी आंचलिक जीवन को हास्य–व्यंग्यात्मक दृष्टि से प्रस्तुत करने वाले महत्त्वपूर्ण कथाकार। 'हेंबालपन्थी,' 'हुनेर,' 'गणपत फैमिली इन न्यूयॉर्क' व 'गचक अंधारी' आपके महत्त्वपूर्ण कथा–संग्रह हैं। साथ ही सिनेमा पटकथाएँ, सीरियल कथा लेखन व बोध लेखन में भी अशोक मानकर निरन्तर लिखते रहे हैं।

अशोक मानकर द्वारा रचित कहानी गचक अंधारी अपनी कथावस्तु व पुट के कारण अत्यन्त लोकप्रिय है। सदा का बेटा गजानन अपने पिता के साथ बाज़ार जाने हेतु हमेशा ज़िद करता है। एक दिन सदा गजानन को डराने के लिए 'गचक अंधारी' नामक काल्पनिक जीव का भय दिखाता है। परन्तु कल्पना से उत्पन्न 'गचक अंधारी' नामक जीव एक रोचक ढंग से कहानी में जीवन्त हो उठता है।

किसी समय एक गाँव में सदा व सखू नाम का एक दम्पति रहता था। सदा व सखू का एक लड़का था जिसका नाम था गजानन। सदा घड़े–मटके बनाने और बेचने का व्यवसाय करता था। पके हुए मटके को सदा पड़ोस के बाज़ारों में बेचता था। अक्सर ही वह मटके अपने गधे पर लादकर ले जाता और वापसी के समय ख़ुद गधे पर लद वापस आ जाता। अगर कुछ मटके बच जाते तो उन्हें वह बाज़ार के पास वाले अपने परिचितों के घर रख देता।

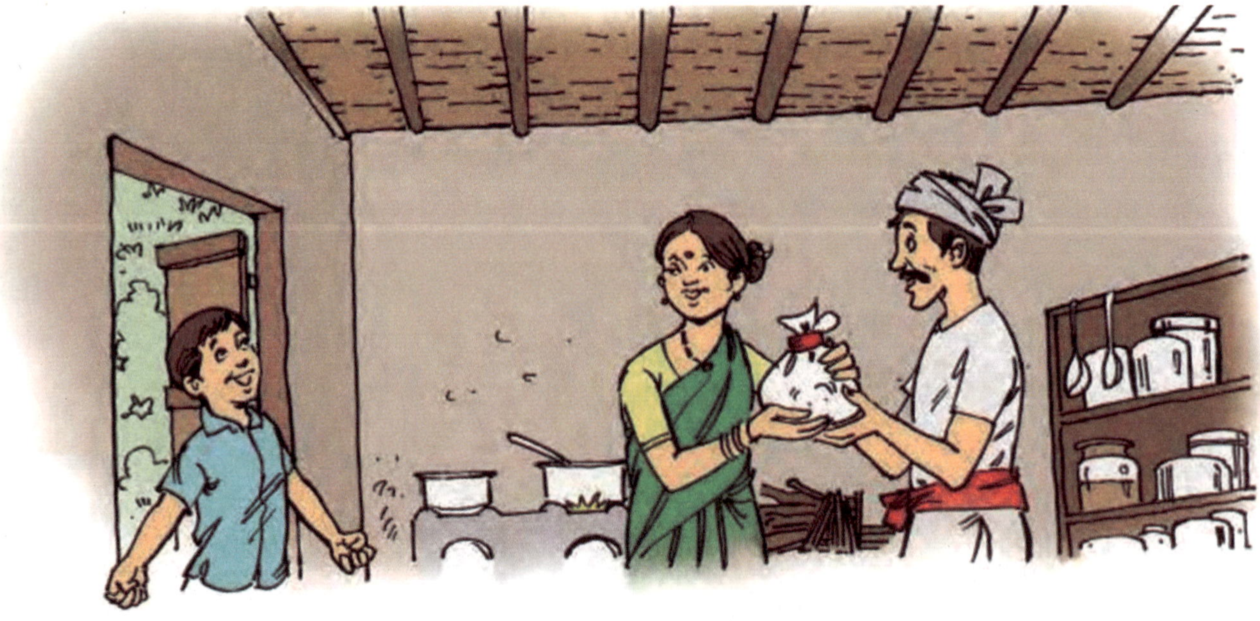

सब कुछ ठीक–ठाक चल रहा था। नन्हा गजानन अब समझने लगा था कि हफ़्ते में दो–तीन बार उसके बाबा बाज़ार जाते हैं। अक्सर ही वह अपने बाबा के साथ बाज़ार जाने की ज़िद करता था। हर बार उसे समझाते–समझाते सदा व सखू लगभग थक चुके थे।

एक दिन सदा को मटके बेचने के लिए पड़ोस के गाँव में जाना था। भोर में उठकर सखू ने रोटियाँ सेंकीं और सदा के लिए दोपहर का भोजन भी बाँध दिया। उस वक़्त गजानन गहरी नींद में था। सदा ने आज के बाज़ार के लिए पहले के बचे हुए मटके परिचितों के पास रखे थे। उसे केवल अपने गधे पर बैठकर बाज़ार पहुँचना था। उसने रात को ही गधे को चरने के लिये गाँव में छोड़ दिया था। सदा गधे को खोजते ही चलने को तैयार था। उसने अपनी चप्पल पहनी ही थी कि गजानन की आँख खुल गयी।

बाबा को जाते देख गजा चारपाई से कूदकर शोर मचाने लगा–''मैं भी आ रहा हूँ! मैं भी आ रहा हूँ!'' सदा ने सिर पकड़ लिया।

रात को सदा के पड़ोस वाले गाँव में मूसलाधार बारिश के साथ ओले भी गिरे थे। इसी बीच आसरा खोजते हुए एक बाघ सदा के गाँव में घुस आया था। छिपने के लिए इधर–उधर घूमते बाघ ने अन्ततः सदा के घर के पीछे वाले खँडहर में आश्रय लिया। वह सदा के घर से सटी दीवार के पास बैठ गया।

ज़ाहिर है कि सदा के घर में चल रही बातचीत बाघ को अब स्पष्ट सुनाई दे रही थी। सदा ने विचार करते हुए कहा, ''बाबू, मैं तुम्हें ले चलता पर देखो कितना अँधेरा है। अभी भी घनी रात बाक़ी है।''

गजा ने उछलते हुए प्रतिक्रिया दी, ''होने दो, मैं आऊँगा, मैं आऊँगा।''

''बच्चू इस वक़्त रास्ते पर सियार रहते हैं।''

''कोई बात नहीं।''

''वो छोटे बच्चों को उठा ले जाते हैं।''

''ले जाने दीजिए। कोई फ़र्क़ नहीं पड़ता। मैं आऊँगा... मैं आऊँगा!''

''वहाँ भेड़िया भी आता है।''

''आने दीजिए, मैं आऊँगा, मतलब आऊँगा?''

''आगे घना जंगल है और इस समय जंगल का बाघ बाहर निकलता है।''

''हूँ! मुझे मत डराओ–मैं किसी बाघ–वाघ से नहीं डरता।''

पीछे की दीवार से सटे बाघ ने यह सुनकर मन में सोचा–

'लगता है लड़का बड़ा ज़िद्दी है।'

''और अगर बाघ ने तुम्हें खा लिया तो,'' सदा बोला।

यह सुनकर मुँह बनाकर गजा ने कहा, ''वह मुझे खायेगा तो आपको छोड़ देगा क्या? कुछ नहीं, मुझे पता है, मैं नहीं आऊँ इसलिए आप मुझे डरा रहे हो।''

सदा ने आँखें तरेरकर कहा, ''ठीक है! लेकिन इस वक़्त रात के अँधेरे में हमें गचक अंधारी मिल जाये तो मुझे मत कहना।''

गजा अब थोड़ा हड़बड़ा गया, ''गचक अंधारी?''

''हाँ, गचक अंधारी''

''यह गचक अंधारी क्या है?''

''अरे! तुझे गचक अंधारी के बारे में नहीं पता?''

''बच्चू! गचक अंधारी तो बाघ को भी एक निवाले में खा जाती है। अगर हमें मिल गयी तो?''

''उससे ख़तरनाक जानवर तो कोई हो ही नहीं सकता।''

''ख़तरनाक?'' अब गजा घबरा गया।

दौड़ते हुए माँ के पास जाकर बोला, ''मैं नहीं जाऊँगा। आप ही चले जाइए।''

सदा की युक्ति काम आयी।

उधर बाघ को घबराहट हुई। मन में सोचने लगा–'अरे बाप रे! यह गचक अंधारी क्या है? अगर मुझे मिल गयी तो! नहीं–नहीं थोड़ा–सा उजाला होते ही यहाँ से निकल जाने में भलाई है।'

सदा झटपट घर से बाहर निकल गया और रात को चरने के लिए छोड़े अपने गधे को खोजने लगा। अभी भी घना अँधेरा था। इस गली, उस गली भटकता हुआ सदा खँडहर की दीवार के पास आ पहुँचा।

दीवार के पास बाघ खड़ा था। दूर से बाघ की अस्पष्ट आकृति देखकर सदा ने स्वयं से कहा, 'मैं पूरे गाँव का चक्कर लगा आया और यह गधा यहाँ खड़ा है।'

सदा ने जल्दी से वहाँ पहुँचकर झट से बाघ का कान पकड़ा और तड़ से उसकी पीठ पर सवार हो गया। एक थपकी देकर उसने चलने की मुद्रा बनायी।

बाघ बुरी तरह डर गया। ''बाप रे! लगता है यही गचक अंधारी है'', स्वयं से यह कहते हुए उसे कँपकँपी चढ़ गयी। इसी बीच सदा ने पैर की एड़ी बाघ के पेट पर जमायी। घबराया हुआ बाघ अपने सवार को लेकर चुपचाप चलने लगा।

बाघ की चलने की गति को देखकर सदा ने मन में सोचा, 'क्या बात है! आज तो गधा बड़ी तेज़ी से चल रहा है। अच्छी बात है! लगता है रात को इसने भरपेट खाया है। सब कुछ बढ़िया हो रहा है। इधर ये गधा तीव्र गति से चल रहा है और वहाँ गजा को भी मैंने शान्त कर दिया। अब सीधे बाज़ार जाकर बस अपना काम निपटा दूँ।'

सदा अब गाँव पीछे छोड़कर जंगल में घुसने लगा। अभी भी काफ़ी अँधेरा था, परन्तु आकाश में तारे चमक रहे थे। भोर की ठण्डी हवा मस्ती से बह रही थी। हवा के इन झोंकों से सदा को मोरपंख के स्पर्श की अनुभूति हो रही थी। दूसरी ओर बाघ की हालत ख़राब थी। ''हे भगवान मेरे ऊपर दया कर! मेरी पीठ पर बैठी इस बला से मुझे छुटकारा दिला।''

पूर्व की तरफ़ से अब हल्का उजाला आने लगा। मस्ती में झूमते हुए अचानक सदा का ध्यान बाघ की पीठ पर गया। गधे के नियमित रंग की जगह पीला रंग व उस पर काले धब्बे देखकर सदा का मन शंकित हो गया। ''अरे! यह क्या हो गया इसे!'' अचम्भे से उसने अपनी गर्दन को थोड़ा झुका कर देखा तो क्या देखता है साक्षात् बाघ! उसके होश उड़ गये। उसका शरीर घबराहट से काँपने लगा। उसकी इस हलचल से घबराकर बाघ ने भी अपनी गति तेज़ कर दी। वह मन में सोचने लगा–''अब तो गचक अंधारी झटके भी देनी लगी है। लगता है इसने मुझे खाने का मन बना लिया है।''

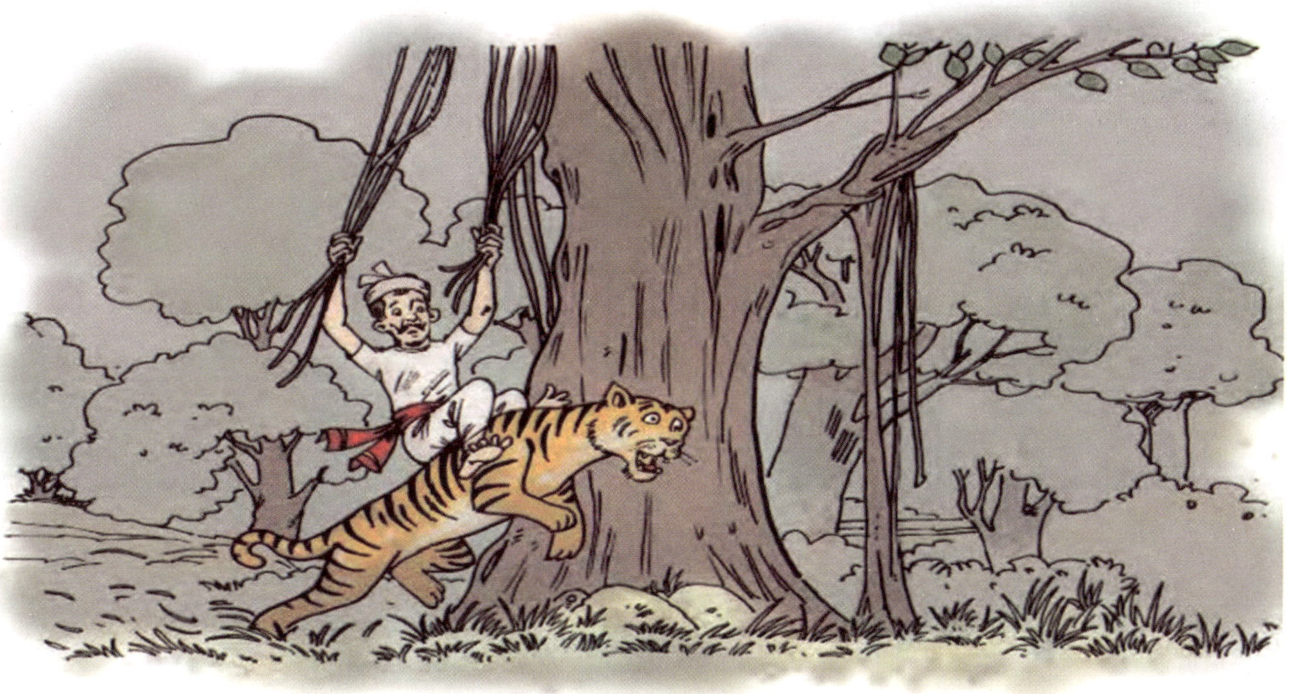

दूसरी ओर सदा आकाश की ओर देखकर दया की भीख माँगने लगा, ''हे ईश्वर! उफ़ मेरी बुद्धि। मैं गधे को छोड़कर बाघ की पीठ पर बैठ गया। और यह भी गधे की तरह मुझे लेकर चल रहा है... लेकिन अगर मैं इसे सचमुच दिख गया तो...? यह मेरा गला घोंटे बिना नहीं मानेगा। इस संकट से मुझे बचाइए भगवान।'' इतने ठण्डे वातावरण में भी सदा ऊपर से लेकर नीचे तक पसीने से लथपथ हो गया। माथे से पसीने की नदी बहने लगी। यह पसीना अब बाघ की पीठ पर भी गिरने लगा। इसे महसूस कर बाघ की सिट्टी–पिट्टी गुल

हो गयी, ये देखो! अब तो गचक अंधारी पानी भी छोड़ने लगी है। शायद मुझे भिगो–भिगो कर खाने का मन है। इस विचार से बाघ का कलेजा और भी ज़ोर–ज़ोर से धड़कने लगा।

बुरी तरह घबराया सदा बचने का रास्ता तलाशने लगा। कुछ दूरी पर उसे एक वट वृक्ष दिखाई दिया। उसकी जटाएँ ज़मीन की ओर झुकी हुई थीं और यह रास्ता उसी पेड़ के बीच से गुज़रता था। आख़िरकार सदा की जान में जान आयी।

जैसे ही बाघ वृक्ष के पास से गुज़रा, सदा ने ज़बर्दस्त चतुराई दिखायी। नीचे की ओर झूलती जटाओं को पकड़कर वह तुरन्त ही पेड़ पर चढ़ गया।

पीठ से बोझ कम होते ही बाघ ने मन में सोचा, 'आख़िरकार बच गया। जान बची तो लाखों पाये। हे ईश्वर तू धन्य है! ऐसा सोचते हुए बाघ जंगल में नौ–दो ग्यारह हो गया।

सवाल बीस रुपये का

बाबाराव मुसले (जन्म 1949) : मराठी के प्रसिद्ध लेखक बाबाराव मुसले के प्रकाशित कहानी संग्रहों में 'मोहरलेला चन्द्र', 'झिंगू लुखू लुखू', 'नागभोजन' आदि विशेष स्थान रखते हैं। इसके अलावा 'वारूल', 'पाटिलकी', 'आर्त' आदि इनके जाने–माने उपन्यास हैं।

'बीस रुपये का सवाल' कहानी के माध्यम से लेखक ने निःस्वार्थ भाव से दूसरों की मदद करने वाले राजू का मार्मिक चित्रण किया है। वहीं दूसरी ओर सभी व्यक्तियों को एक ही नकारात्मक तराजू में तौलने वाले बड़े साहब का हृदय–परिवर्तन मानवता की जीत को दर्शाता है।

''क्या मैं अन्दर आ जाऊँ सर?'' हाथ की फ़ाइलों को सँभालते हुए विकास ने पूछा। साहब कोई फ़ाइल देख रहे थे। उन्होंने आने का इशारा किया।

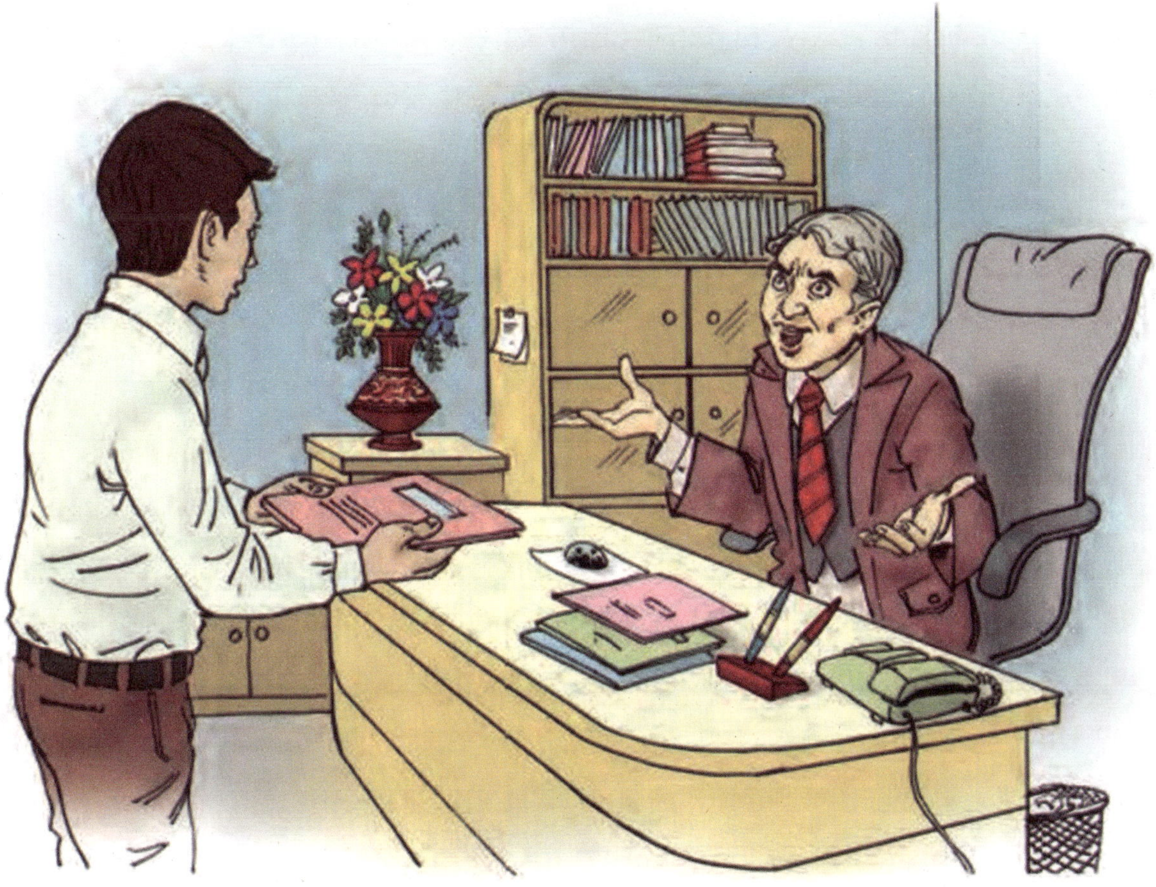

साहब आवाज़ से ही विकास को पहचान गये। शिकायती अन्दाज़ में बोले, "विकास, कल उस लड़के ने मुझे अस्सी रुपये की चपत लगा दी। यह सब तुम्हारी वजह से हुआ। ऐसे लड़के बड़े खुराफ़ाती होते हैं। तुम्हें उससे कैसे लगाव हो गया मेरी समझ से बाहर है। सौ का नोट लेकर क्या गया, ग़ायब ही हो गया। उसकी पानी की बोतल मुझे सौ रुपये में पड़ी।" एक साँस में साहब ने अपने मन की नाराज़गी व्यक्त की। कुछ क्षण के लिए विकास को लगा कि अपनी जेब से अस्सी रुपये निकालकर साहब को दे दे। परन्तु उसने ऐसा नहीं किया। साहब को ढाढस बँधाते हुए वह बोला, "ऐसा नहीं है सर। हो सकता है ज़रूरी काम हेतु कहीं गया हो।" "कुछ मत कहो अब भविष्य में ऐसे लड़के मुझे कार्यालय में नहीं दिखने चाहिए, समझ गये तुम?" साहब ने कहा। असहमति के बावजूद विकास ने 'हाँ' कहा। साहब जो कह रहे थे वह सत्य था, परन्तु पूर्ण सत्य नहीं था। निरन्तर ही विकास का मन उसे प्रत्युत्तर दे रहा था। राजू नाम का यह लड़का उसे धोखेबाज़ नहीं लगता था। पिछले एक महीने से विकास उसे जानता था। विकास की साली उन दिनों टाटा कैंसर अस्पताल के 'बी' विंग में भर्ती थी। विकास सुबह–शाम उसे मिलने व भोजन देने जाता था। टाटा कैंसर अस्पताल के आसपास ही उसका कार्यालय था। अस्पताल जाना अब उसकी दिनचर्या का एक हिस्सा बन गया था।

एक दिन एक लड़के ने उसका ध्यान अपनी ओर आकर्षित किया। ज़्यादा से ज़्यादा वह दस–ग्यारह साल का रहा होगा। उसने अपने गले में एक तख्ती लटका रखी थी। जिस पर उसने 'बचे हुए अन्न' को दान देने का आह्वान किया था। उसके हाथ में एक झोला था जिसे देखकर लग रहा था मानो उसमें भोजन हो। यह सब देखकर विकास की उत्सुकता बढ़ गयी। एक दिन मौक़ा पाकर उसने लड़के से लम्बी बातचीत की। "तुम्हारा नाम क्या है? तुम कहाँ से हो? यहाँ क्यों आये हो? कौन–सी कक्षा में पढ़ते हो...?" वग़ैरह–वग़ैरह।

साहब जिस लड़के के बारे में कह रहे थे वह यही राजू था। वह वाशिम ज़िले के एक गाँव से आया था और पाँचवीं कक्षा में पढ़ता था। पेट के कैंसर से ग्रसित उसकी माँ लगभग एक महीने से टाटा कैंसर अस्पताल के 'बी' विंग में भर्ती थी। उसके व माँ के अलावा घर में कोई तीसरा व्यक्ति नहीं था। एक झोंपड़ी के अलावा उनके पास कुछ भी नहीं था। लगातार अस्पताल के विंग में बैठकर राजू को आलस आता था। माँ से पूछकर वह यहाँ–वहाँ घूमता रहता था। माँ ने उससे कहा था, "ज़्यादा दूर मत जाना और किसी की वस्तु को हाथ मत लगाना।" बाहर घूमते हुए उसने देखा कि मरीज़ों के साथ आये ग़रीब लोग पैसों और भोजन के लिए दूसरों के सामने हाथ फैलाते, वहीं दूसरी ओर कई लोग अपने बचे हुए भोजन को कूड़ेदान में फेंक देते। वह सोचने लगा, 'अगर यह भोजन ज़रूरतमन्दों को मिल जाय तो...?'

उसने एक गत्ता लेकर उस पर लिखा—'बचे हुए भोजन को ना फेंकें, उसे मुझे दीजिए। मैं उन्हें भूखे लोगों तक पहुचाऊँगा।' गत्ते में डोरी डालकर राजू ने अपने गले में लटका लिया। राजू की तख्ती पर लिखे सन्देश को पढ़कर लोग उसे भोजन देने लगे। इकट्ठे हुए भोजन को वह ज़रूरतमन्दों तक पहुँचाने लगा। उनकी आँखों में ख़ुशी देखकर राजू को सन्तोष होता था। अगर अस्पताल में आये मरीज़ के रिश्तेदारों को किसी वस्तु की आवश्यकता होती तो तुरन्त दौड़कर वह उनकी मदद करता। और अगर रोगी के क़रीबी रिश्तेदार को बाहर जाना होता तो वह कहता, "राजू मेरे पेशेंट का ध्यान रखना। मैं ज़रा जाकर आता हूँ।" और यह कहकर वह निश्चिन्त होकर निकल जाता। 'बी' विंग के सभी लोग राजू को प्यार करते थे।

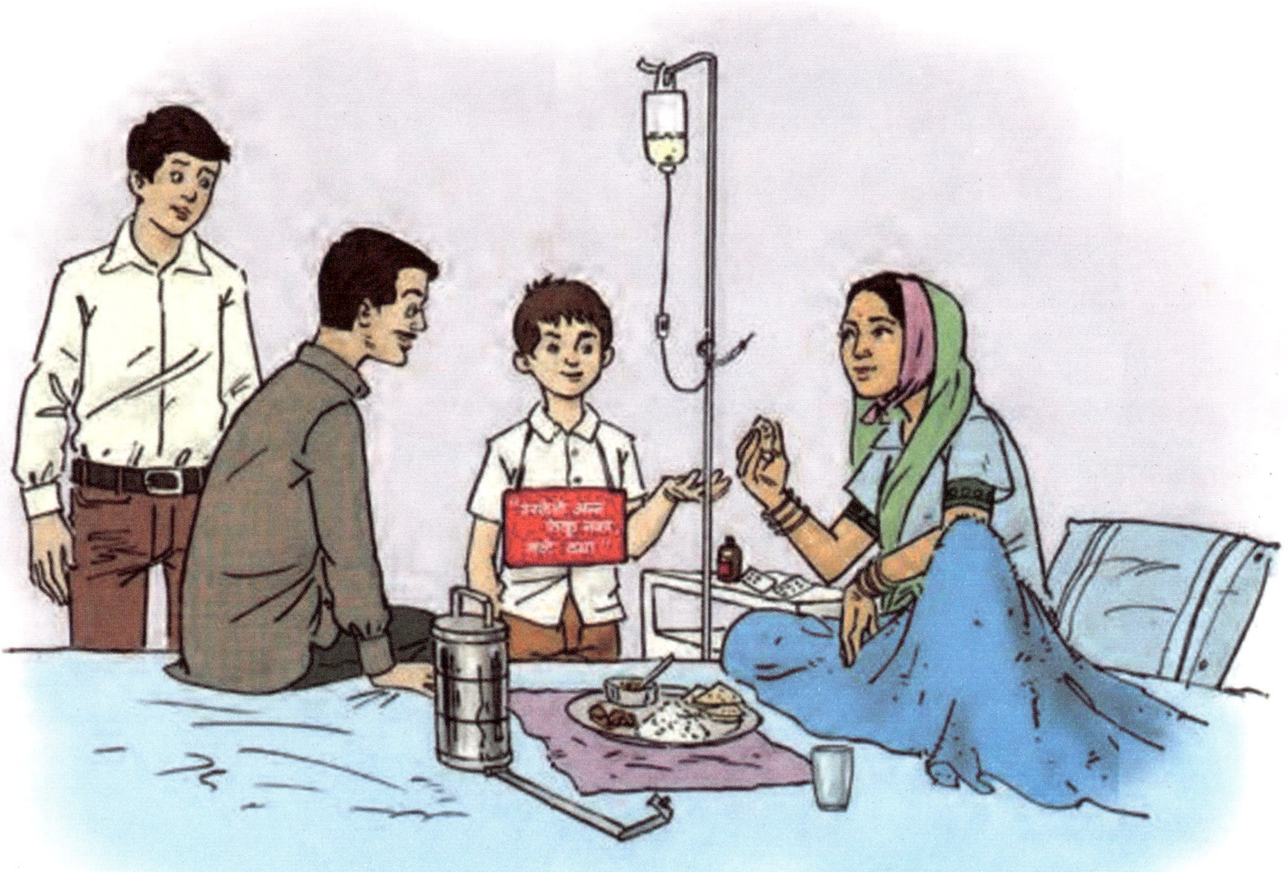

अपने कार्यालय में जाते वक़्त विकास अक्सर ही पानी की बोतल ख़रीदता था। एक दिन उसे देर हो रही थी तो उसने राजू को बोतल कार्यालय पहुँचाने के लिए कह दिया। बोतल के पैसे भी उसने राजू को दे दिये। उसके बाद कभी—कभार राजू पानी की बोतल विकास के कार्यालय पहुँचाता था। यह काम वह ख़ुशी से करता था। विकास के बड़े साहब ने भी कई बार राजू को विकास के लिए पानी की बोतल लाते देखा था। कल ही वह विकास को पानी की बोतल देने कार्यालय आया तो उसने विकास के साहब को भी एक पानी की बोतल

दे दी। उस वक़्त साहब ने कहा, ''मेरे पास बीस रुपये फुटकर नहीं हैं, सौ रुपये का नोट है।'' जवाब में राजू ने कहा, ''सर, वह नोट दीजिए, मैं आपके अस्सी रुपये लाकर देता हूँ।'' साहब का सौ रुपये का नोट लेकर गया राजू अभी तक नहीं लौटा। क्या राजू ने साहब को सच में चूना लगाया था? वास्तव में क्या हुआ होगा? विकास सोच–विचार करने लगा। इसी बीच एक आवाज़ आयी, "सर क्या मैं अन्दर आ जाऊँ?" दरवाज़े के बाहर खड़ा राजू की ही उम्र का एक लड़का पूछ रहा था। साहब व विकास ने पहले लड़के की तरफ़ देखा और फिर एक–दूसरे की तरफ़ देखा। अन्ततः साहब बोले, ''बोल, क्या काम है?''

''सर, मैं इरफ़ान हूँ, राजू का मित्र।'' बोलते–बोलते उसने अपनी जेब से सौ रुपये का नोट निकाला। साहब के सामने उस नोट को रखते हुए इरफ़ान ने कहा, ''सर यह नोट राजू ने आपको देने के लिए कहा है।''

विकास और साहब दोनों चकित थे।

"राजू कहाँ है?" विकास ने पूछा।

''सर वो कल ही गाँव गया है,'' इरफ़ान ने उत्तर दिया।

''क्यों?'' साहब ने पूछा...

''उसकी माँ को अस्पताल से छुट्टी मिल गयी है। गाँव जाने से पहले उसने मुझे यह नोट आपको देने के लिए कहा था।'' यह कहते हुए इरफ़ान जिस गति से आया था उसी गति से बाहर चला गया।

विकास और साहब कुछ देर तक स्तब्ध थे। आख़िरकार साहब ने कहा, ''विकास मुझे माफ़ करना। इन्सानों को समझने का हुनर तुम्हारे पास अधिक है, तुम्हारी तुलना में तो मैं अनुभवशून्य हूँ। लेकिन इस नोट में से केवल अस्सी रुपये मेरे हैं, बाक़ी बीस रुपये का क्या?''

इस पर विकास भी निरुत्तर था।

आबा की कहानी

आबा गोविन्द महाजन (जन्म 1975) : महाराष्ट्र प्रशासनिक सेवा में कार्यरत आबा महाजन मराठी बाल–साहित्य में विशेष रुचि रखते हैं। इन्होंने बाल–साहित्य की विभिन्न विधाओं जैसे कहानी, कविता व उपन्यास आदि में निरन्तर लेखन कार्य किया है। 'आबाची गोष्ट', 'गमतीच्या राज्यात,' 'ठोंब्या' आदि इनकी प्रमुख बाल रचनाएँ हैं।

आबा महाजन द्वारा रचित यह संस्मरण छात्र जीवन में शिक्षा व परिश्रम का महत्त्व दर्शाता है। कहानी के माध्यम से इस बात का पुरज़ोर समर्थन किया गया है कि किया हुआ परिश्रम कभी व्यर्थ नहीं जाता।

चिकनी सड़क पर मोटरगाड़ी तेज़ी से दौड़ रही थी। मैं मीटिंग के लिए ज़िला अधिकारी कार्यालय जा रहा था। मुझे समय पर पहुँचने की जल्दी थी। हम नांद्रा गाँव के तिराहे के पास पहुँचे थे तो देखा तिराहे के उस पार एक लड़का बेर बेच रहा था। शायद स्कूल जा रहा होगा। सफ़ेद कमीज़, खाकी पैंट पहने वह लड़का चातक पक्षी की तरह वेदना भरी नज़रों से अपने ग्राहकों की राह देख रहा था।

मैंने ड्राइवर को गाड़ी रोकने के लिए कहा और गाड़ी से नीचे उतरकर मैं लड़के के पास गया। तिराहे के पास खड़े लोग मेरी नीली बत्ती की गाड़ी को देखने लगे और ड्राइवर भी मेरी तरफ़ आश्चर्य से देखने लगा कि आज अचानक तहसीलदार साहब तिराहे पर क्यों रुक गये? समीप खड़े लोगों में खुसरफुसर होने लगी और सभी आँखें फाड़कर देखने लगे। बेर बेचने वाला लड़का मुझे देखकर झेंप गया।

''ऐ लड़के, बेर किस भाव दे रहे हो?''

''साहब बेर ख़ूब मीठे हैं... लीजिए–लीजिए केवल बीस रुपये किलो हैं।'' लड़के ने उत्साह से कहा।

मैंने पर्स से बीस रुपये का नोट निकालकर लड़के को दे दिया। लड़के की ख़ुशी का ठिकाना न रहा। हँसते हुए काफ़ी देर तक वह मेरी तरफ़ देखता रहा।

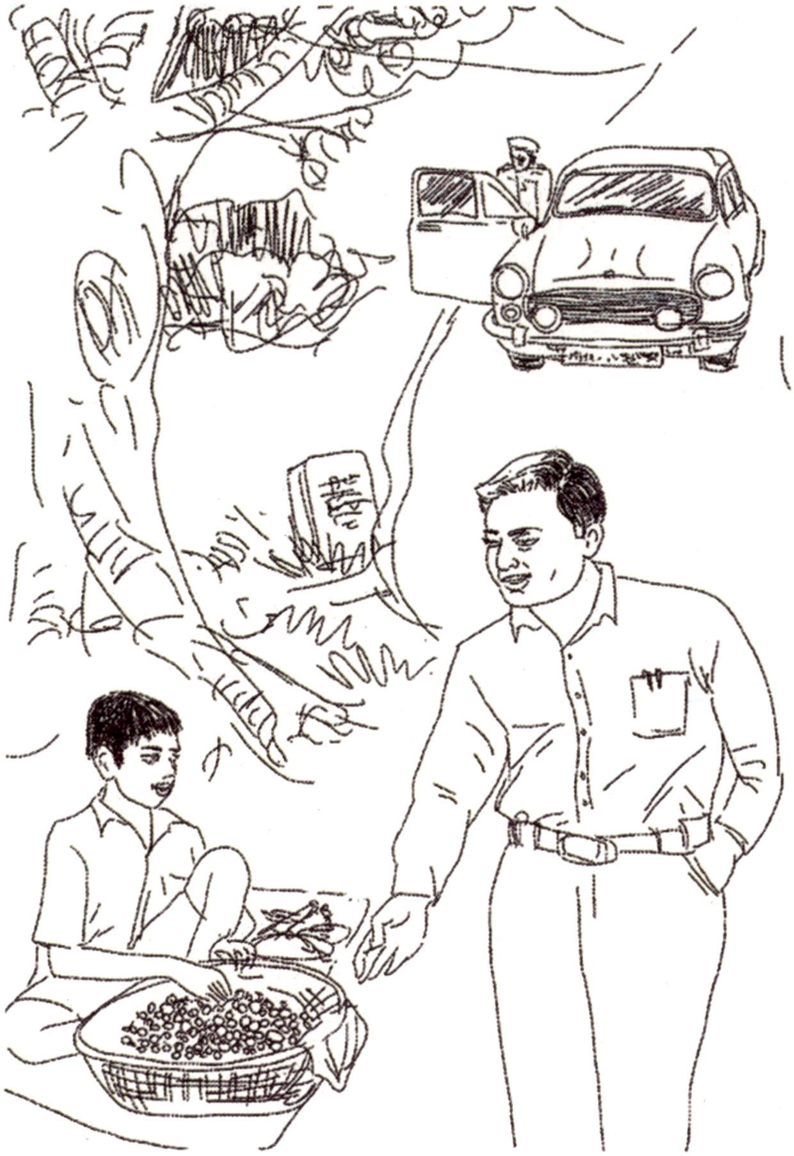

गाड़ी में बैठते ही मैंने ड्राइवर को भी मुट्ठी भर बेर दिये। बेरों का स्वाद चखते–चखते हमारी यात्रा फिर शुरू हो गयी। बड़े–बड़े बेर ख़ूब मीठे और रस से भरे थे। गाड़ी अब तेज़ी से आगे की ओर दौड़ने लगी और मेरा मन पीछे की ओर अतीत की यादों में। मुझे अब सब कुछ याद आने लगा।

मुझे याद आया... उस वर्ष मैं सातवीं कक्षा में था। मेरे परिवार का गुज़ारा जैसे–तैसे चल रहा था। हमारे पास वर्षा पर निर्भर पाँच एकड़ ज़मीन थी। अपनी ज़मीन के अलावा पिताजी दूसरों की ज़मीन पर भी मज़दूरी करते थे। नयी पुस्तकें ख़रीदना मेरे लिए मुश्किल था। पैसे के अभाव में मैं नयी पुस्तकों की अपेक्षा पुरानी पुस्तकों को आधे दाम में ख़रीदता था।

स्कॉलरशिप प्राप्ति हेतु कक्षाध्यापक ने कक्षा से चार होशियार लड़कों के फॉर्म भरे, उनमें से मैं भी एक था। स्कॉलरशिप की परीक्षा की तैयारी हेतु नयी पुस्तक ख़रीदने के लिए

मेरे पास पैसे नहीं थे और काफ़ी ढूँढ़ने के बाद भी मुझे पुरानी पुस्तक नहीं मिली। मित्रों से भी काफ़ी पूछताछ की। मित्रों के मित्रों से भी पुस्तक के बारे में चर्चा की, लेकिन कोई पुरानी पुस्तक नहीं मिली। नयी किताब के लिए पिताजी से पैसे कैसे माँगे जायें? यह साहस मैं नहीं कर पा रहा था।

उसी वक़्त मुझे एक युक्ति सूझी और स्कॉलरशिप परीक्षा की पुस्तक स्वयं की मेहनत से ख़रीदने का निर्णय लिया मैंने। परन्तु क्या किया जाये? कुछ भी समझ नहीं आ रहा था कि तभी मुझे 'नथूमियाँ' के उर्स की याद आयी। एरंडोल में नथूमियाँ का बड़ा मेला लगता था। इसे लोग 'नथूबापू के उर्स' के रूप में भी जानते हैं। इस उर्स में हिन्दू व मुस्लिम मिलकर भाग लेते हैं। तहसील व उसके बाहर के गाँवों से भी लोग मेले में आते हैं। वहाँ बहुत ज़्यादा भीड़ होती है। उर्स पन्द्रह दिनों तक चलता है। मैंने सोचा, अगर मैं इस मेले में बेर बेचूँ तो? विचार अच्छा था।

हमारे खेत में बेर के चार पेड़ थे। शाम प्रजाति के ये बेर ख़ूब मीठे होते हैं। अगर मैं ये बेर बेच पाऊँ तो अवश्य ही अच्छे पैसे मिल सकते हैं और मैं नयी पुस्तक ख़रीद सकता हूँ। यह सोच मैंने अपने मन में निश्चय कर लिया।

मैंने किसी को कुछ नहीं कहा। सुबह जल्दी उठकर सीधे खेत में गया। पेड़ के नीचे पके हुए बेर बिखरे पड़े थे। मैंने एक बड़ी टोकरी में जल्दी–जल्दी सारे बेर जमा किये। विद्यालय छूटने के बाद मैं मेले में गया और 'मौत का कुआँ' के सामने बैठ गया।

"बेर लीजिए बेर... मीठे–मीठे शाम बेर।" ज़ोर–ज़ोर से चिल्लाते हुए मैंने बेरों की बिक्री शुरू की।

अब मैं सुबह विद्यालय जाता एवं दोपहर से शाम तक बेरों की ब्रिकी करने लगा। यही मेरी दिनचर्या बन गयी। मेले में चारों ओर शोरगुल और भीड़भाड़ लगातार बनी रहती थी। इसी शोरगुल और भीड़भाड़ में मुझे मेरे हमउम्र मित्र अक्सर मस्ती करते दिखते थे। कोई झूला झूलता, कोई गुब्बारों पर बन्दूक से निशाना लगाता तो कोई मौत के कुएँ में झाँकता। कुछ मित्र बजने वाले गुब्बारे ख़रीद रहे थे तो कुछ चाबी से चलने वाली मोटरगाड़ी। कुछ की नज़र पुंगी पर थी तो कुछ मीठे सेव खा रहे थे। कुछ माता–पिता के साथ गरम–गरम जलेबी व नमकीन का आनन्द ले रहे थे और मैं भूख–प्यास भूलकर बेर बेचने में मग्न था।

आँखों के सामने केवल वजीफे की पुस्तक घूम रही थी। काफ़ी बेर बेचकर अच्छे पैसे जमा किये और इसी बीच नथूमियाँ के मेले का भी समापन हो गया।

बाज़ार जाकर मैंने नयी पुस्तक ख़रीदी। मुझे आसमान में उड़ने जैसी अनुभूति हुई। मेहनत से ख़रीदी उस पुस्तक पर मैंने तुरन्त खाकी रंग का जिल्द चढ़ा दिया। घर पहुँचते

ही मैंने पुस्तक पढ़ना शुरू किया। एक बार, दो बार, अनेक बार... मैंने पुस्तक को शुरू से अन्त तक पढ़ डाला। मैं अब रात–रात भर जागने लगा। मैंने कभी सुना था कि वजीफे की परीक्षा हेतु ख़ूब परिश्रम करना पड़ता है।

मैंने अपनी तरफ़ से परीक्षा की तैयारी करने में कोई कसर नहीं छोड़ी। केवल रविवार के दिन तैयारी थोड़ी कम होती थी। रविवार के दिन बाज़ार लगता था। उसी बाज़ार में मेरा बड़ा भाई सब्ज़ी बेचता था। इसी कारण रविवार को पशुओं को सँभालने की ज़िम्मेदारी मुझ पर होती थी। हमारे पास एक गाय, दो बैल और एक भैंस थी। मेरा सारा रविवार बाहर ही गुज़रता था। मेरे एक हाथ में लाठी व दूसरे में स्कॉलरशिप की पुस्तक होती थी। और इसी प्रकार जानवरों को चराते–चराते भी पढ़ाई जारी रहती। मेरे पुस्तक में मग्न होने पर पशु पड़ोस के चम्पालाल सेठ के खेत में घुस जाते। सेठ को ख़ूब क्रोध आता। वे कहते, ''अरे! अपने पशुओं को देखो। पुस्तक पढ़कर तुम कौन–से तहसीलदार बन जाओगे?'' तहसीलदार मतलब क्या? मुझे कुछ भी समझ नहीं आता था पर रातभर जागकर मेहनत करने की प्रकिया जारी रही।

लगातार जागने का परिणाम मुझे भुगतना पड़ा। मेरी तबीयत काफ़ी बिगड़ गयी। ठीक परीक्षा से एक दिन पहले मुझे तेज़ बुख़ार चढ़ गया। बहुत थकान महसूस हो रही थी। भूख नहीं लग रही थी। मुँह में कड़वापन था। डॉक्टर ने इंजेक्शन दिया और दो दिन आराम करने की सलाह भी दी। तेज़ बुख़ार में ही मैंने परीक्षा दी। कुछ माह बाद जब परीक्षा का परिणाम आया तो उत्सुकतावश राणे सर ने मेरा परिणाम देखा। अनेक बार देखने के बाद भी मेरा नाम कहीं नहीं दिख रहा था। वो थोड़े निराश हो गये। मैं भी हिम्मत हार बैठा। तीनों विषयों में पास होने के बाद भी मैं वरीयता सूची में नहीं आ पाया। इतनी मेहनत कर पुस्तक ख़रीदी थी... दिन–रात की गयी पढ़ाई मुझे याद आने लगी। मेरी आँखें भर आयीं। मैं ज़ोर–ज़ोर से रोने लगा। राणे सर मुझे समझाने लगे।

''अरे तेरी मेहनत बेकार नहीं जायेगी। तेरे द्वारा उठाये गये कष्ट, तेरी ज़िद, लगन, पढ़ाई कैसे बेकार जायेगी? लगन से की गयी कोई भी मेहनत कभी बेकार नहीं जाती। ध्यान रखो अर्जित की हुई विद्या कभी बेकार नहीं जाती। भविष्य में इन कष्टों का फल तुम्हें अवश्य मिलेगा। इस तरह निराश व नाउम्मीद मत हो। हार मत मानो। असफलता के कारण तुममें निराशा न आने पाये।''

राणे सर मेरी पीठ सहलाकर मुझे दिलासा दे रहे थे। सुबकते हुए भी मेरा रोना निरन्तर जारी था।

मुझे सब समझ में आ रहा था।

''आबा अब रोना बन्द करो। एक दिन अवश्य आयेगा जब तुम स्कॉलरशिप से भी कठिन परीक्षा पास करोगे। बस इसी तरह जी–जान व लगन से पढ़ाई करते रहो। तुम एक दिन अवश्य ही कामयाबी का शिखर छू सकोगे।''

राणे सर के ये प्रेरणादायक शब्द मेरे कोमल बाल मन में गहरे तक उतर गये। मैंने उनकी बातों को ह्रदय में समेट लिया।

आगे चलकर मैं ग्रेजुएट हुआ। पढ़ाई की अनेक किताबें मैंने ख़रीदीं और परीक्षा के बाद उनको रद्दी में बेच भी दिया।

राणे सर की भविष्यवाणी सच साबित हुई।

मैंने महाराष्ट्र लोक सेवा आयोग, 2006 की परीक्षा दी। अन्ततः मेरे परिश्रम का फल मुझे मिला। पूर्व में की गयी पढ़ाई काम आयी... और इस बार वरीयता सूची में मेरा नाम चमक रहा था।

मैं अमीर हूँ!

प्रवीण दवणे (जन्म 1959) : प्रवीण दवणे निरन्तर मराठी आकाशवाणी व दूरदर्शन के लिए लिखते रहे हैं। साथ ही वे एक प्रसिद्ध मराठी गीतकार भी हैं। इनके प्रमुख काव्य संग्रहों में 'आर्ताचे लेणे', 'आनंदाचे निमित्त' व 'भूमीचे मार्दव' आदि शामिल हैं। वहीं दूसरी ओर 'ऐक जरा ना', 'अजिंक्य मी,' 'अलगुज' आदि रचनाएँ हैं।

प्रस्तुत कहानी में कहानी का नायक मयूर 'अमीरी' की व्यापकता को चुनौती देता है। सुगढ़ कहानी अन्दाज़ में कहानी का कथानक अमीरी को केवल पैसों से जोड़कर देखने की हमारी प्रवृत्ति को झकझोर देता है। मयूर का स्वाभिमानी व्यक्तित्व कहानी का केन्द्र बिन्दु बनकर सामने आता है।

विद्यालय ने नोटिस निकाला—''इस वर्ष से सबसे ग़रीब विद्यार्थी को विद्यालय द्वारा आर्थिक मदद दी जायेगी। तदनुसार, शिक्षकों द्वारा प्रयत्न किया जाये कि वे सबसे योग्य विद्यार्थी को चुनकर विद्यालय को सूचित करें।''

बहुत विचार करने के बाद मैंने छात्रों से पूछा, ''बच्चों, क्या मेरी थोड़ी मदद करोगे? अपनी कक्षा में सबसे ग़रीब विद्यार्थी ढूँढ़ने में...''

तनिक भी विलम्ब न करते हुए सभी ने एक स्वर में उत्तर दिया, ''सर, अपनी कक्षा में मयूर सबसे ग़रीब है।''

''तुम सब किस आधार पर ऐसा कहते हो''—मैंने पूछा।

''सर, उसकी कमीज़ दो–तीन जगह से फट गयी थी। उसने उसे ख़ुद सिला पर अभी भी वह ठीक नहीं हुई है और वह उसे वैसे ही पहनता है। अगर आप उसकी खाकी पैंट को ध्यान से देखेंगे तो पायेंगे कि पीछे दो पैबन्द लगे हुए हैं। रिसेस में जब हम सब अपने टिफिन खोलते हैं तो वह रुमाल में से अपनी रोटी निकालता है। रोटी के साथ सब्ज़ी के बदले वह एक गुड़ की ढेली लाता है।'' इसके बाद भी छात्र बोलते रहे, पर मेरे लिए सुनना अब मुश्किल हो गया।

मयूर इतना ग़रीब है और सभी उसकी ग़रीबी का प्रमाण दे रहे हैं। 'इसका क्या कारण हो सकता है'? मयूर कक्षा का सबसे चपल व होशियार लड़का था। उसकी लिखावट सुन्दर थी। उसकी लिखावट से मुझे उसके साफ़ मन का आभास होता था। कॉपियों के गट्ठर उठाने के

लिए मयूर सबसे पहले दौड़कर आता था और मुझसे पहले उन कॉपियों को कक्षा में पहुँचाने की उसकी रफ़्तार भी मुझे हैरान करती थी। मयूर इतनी भयंकर परिस्थितियों से गुज़र रहा था और मुझे इसका कभी आभास भी नहीं हुआ, यह बात सोचकर मैं आहत महसूस कर रहा था। मुझे अचानक याद आया कि मयूर पिछले माह की पिकनिक में भी नहीं आया था। सभी छात्रों से केवल पच्चीस रुपये प्रति व्यक्ति इकट्ठे किये गये थे, परन्तु फिर भी उसका नाम सूची में नहीं था। मैंने उससे पूछा तक नहीं। दरअसल बच्चों के शोरगुल व मौज–मस्ती में मुझे मयूर की कमी का एहसास ही नहीं हुआ। केवल पच्चीस रुपये न होने के कारण उसने राष्ट्रीय उद्यान देखने का सुनहरा मौक़ा गँवा दिया था।

सभी छात्रों द्वारा एकमत से सुझाये गये मयूर के नाम और पैसे के अभाव में पिकनिक पर मयूर के न आने के सम्बन्ध को जोड़ते हुए मैंने मुख्याध्यापक को उसका नाम दे दिया। ''मयूर, चौथी 'अ', रोल नं बयालीस।'' मैं सन्तुष्ट था कि मैंने एक योग्य विद्यार्थी का चयन किया था।

अगले दिन मैं विद्यालय जल्दी पहुँचा। जाकर देखता हूँ कि कदम सर की सुन्दर लिखावट में श्यामपट पर लिखा था–''मयूर ग़रीब होते हुए भी एक आदर्श विद्यार्थी है।''

स्कूल शुरू हुआ। मैं स्टाफ रूम में बैठा था। इसी बीच दरवाज़े के पास मयूर दिखाई दिया। उसके चेहरे का भाव मुझे समझ में नहीं आ रहा था। ग़ुस्से को रोकते हुए उसका स्वाभिमानी चेहरा चमक रहा था।

''सर, कृपया आप श्यामपट पर लिखे मेरे नाम को मिटा दीजिए।''

''अरे तुम्हें समझ में आ रहा है कि तुम क्या कह रहे हो?''

''सर हो सकता है मैं ग़लत हूँ। आप जो चाहे मुझे सज़ा दें, पर वह नाम...''

उसके गले में रुदन और आँखों में पानी... मुझे कुछ भी समझ में नहीं आ रहा था। कहाँ तो एक तरफ़ मैं उसको बधाई देने की सोच रहा था और कहाँ दूसरी तरफ़ वह...

''सर, आख़िरकार मुझे मदद क्यों की जा रही है? क्या ग़रीब समझकर? पर मैं तो अमीर हूँ।'' उसकी रफू की हुई कमीज़ और कॉलर मेरी आँखों के आगे थे। चौदह साल के मेरे शिक्षक कार्यकाल में ऐसी घटना पहली बार हो रही थी।

''अरे मगर...''

''सर, आप यक़ीन करें, मैं अमीर हूँ शायद सबसे अमीर। सर, मैं ग़रीब हूँ, यह किसने निर्धारित किया? मैं जानता हूँ यह सब कहकर मैं ग़लती कर रहा हूँ किन्तु अगर मेरा नाम वहाँ लिखा रहेगा तो मैं अवश्य ही बीमार पड़ जाऊँगा। यह कहते हुए वह अचानक उठा और मेरे पैर पकड़ लिए।

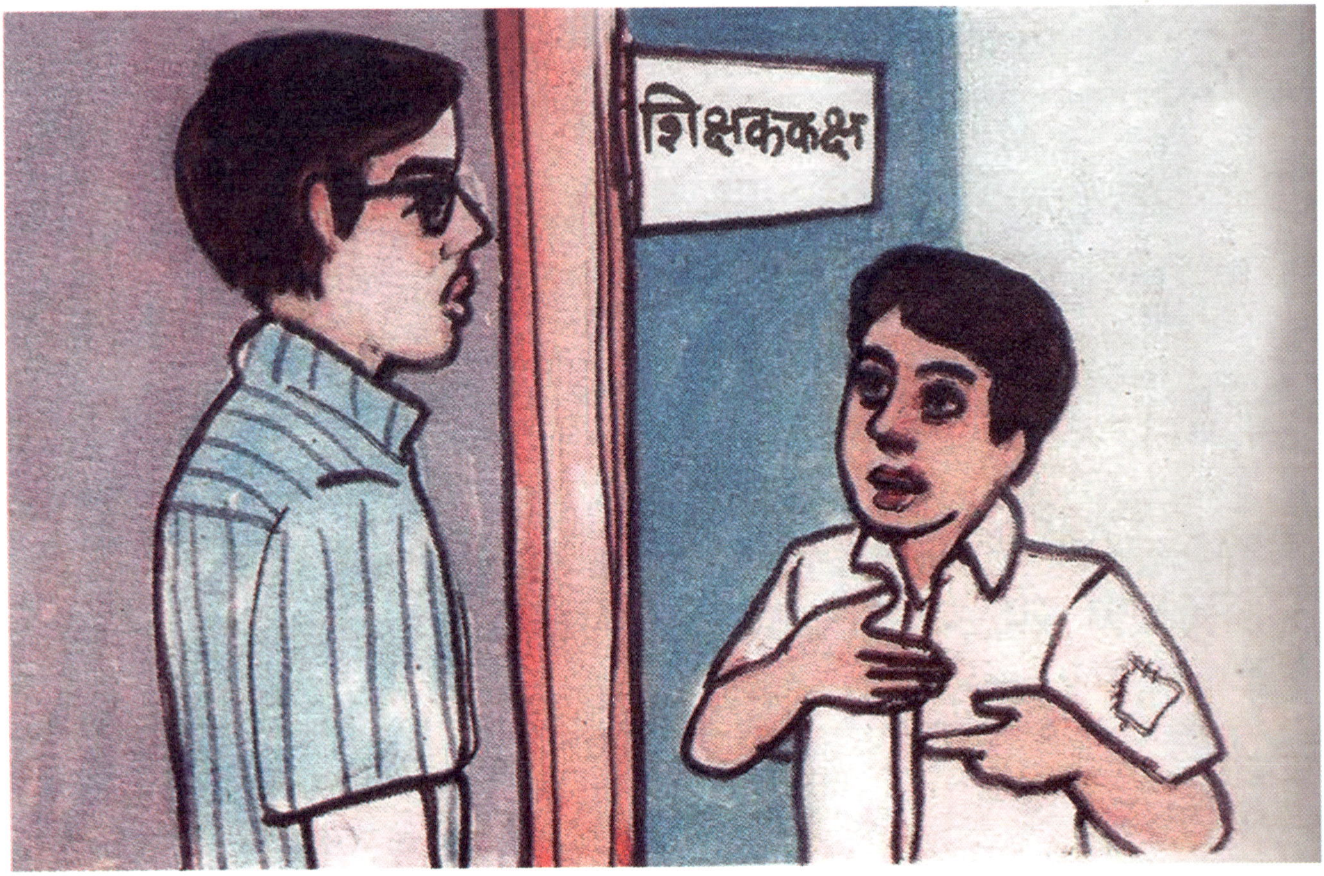

उसे उठाकर मैंने कहा, ''ठीक है, तुम्हें यह मदद नहीं चाहिए तो मत लो। परन्तु तुम अमीर कैसे हुए यह तो बताओ।''

''सर, मेरी पढ़ाई की कॉपियाँ देखिए–चाहे किसी भी विषय की हों। मैं पुरानी किताबों का उपयोग करता हूँ यह सच है, पर उनमें जो लिखा हुआ है उसमें तो नये–पुराने का कोई अन्तर नहीं है। क्या मेरी समझ की कोई क़ीमत नहीं? सर, शुरू से मेरे गुणांक देखिए, मैं हमेशा वरीयता में ऊपर ही रहता हूँ। पिछले साल से तो खेल से लेकर निबन्ध तक सभी प्रतियोगिताओं का विजेता मैं ही रहा हूँ। सर बताइए न... यह सब होते हुए मैं ग़रीब कैसे हूँ।''

मयूर मुझसे ही सवाल कर रहा था।

अपनी बात कहने के बाद उसकी आँखों में चमक आ गयी थी।

''मयूर, तुम सही कह रहे हो, परन्तु इस पैसे से तो तुम्हें मदद ही...''

''सर, कैसी मदद? इससे तो मेरी मेहनत करने की आदत ही ख़त्म हो जायेगी। अगर विद्यालय ही मेरा शुल्क भरेगा तो मेहनत कर शिखर तक पहुँचने की मेरी इच्छा ख़त्म हो जायेगी। शायद मेरे सहपाठियों के कहने पर आपने मेरा चयन किया होगा। लेकिन सर, केवल मैं ही नहीं, मेरा पूरा खानदान ही अमीर है। घर के सभी लोग काम करते हैं। काम मतलब मेहनत। बाबा स्टेशन पर कुली का काम करते हैं और माँ दूसरों के घर में झाड़ू–बर्तन

करती है। बड़ी बहन दूसरी–तीसरी कक्षा के ट्यूशन पढ़ाती है। सर समय किस तरह कट जाता है और दिन कब ख़त्म हो जाता है पता ही नहीं चलता।''

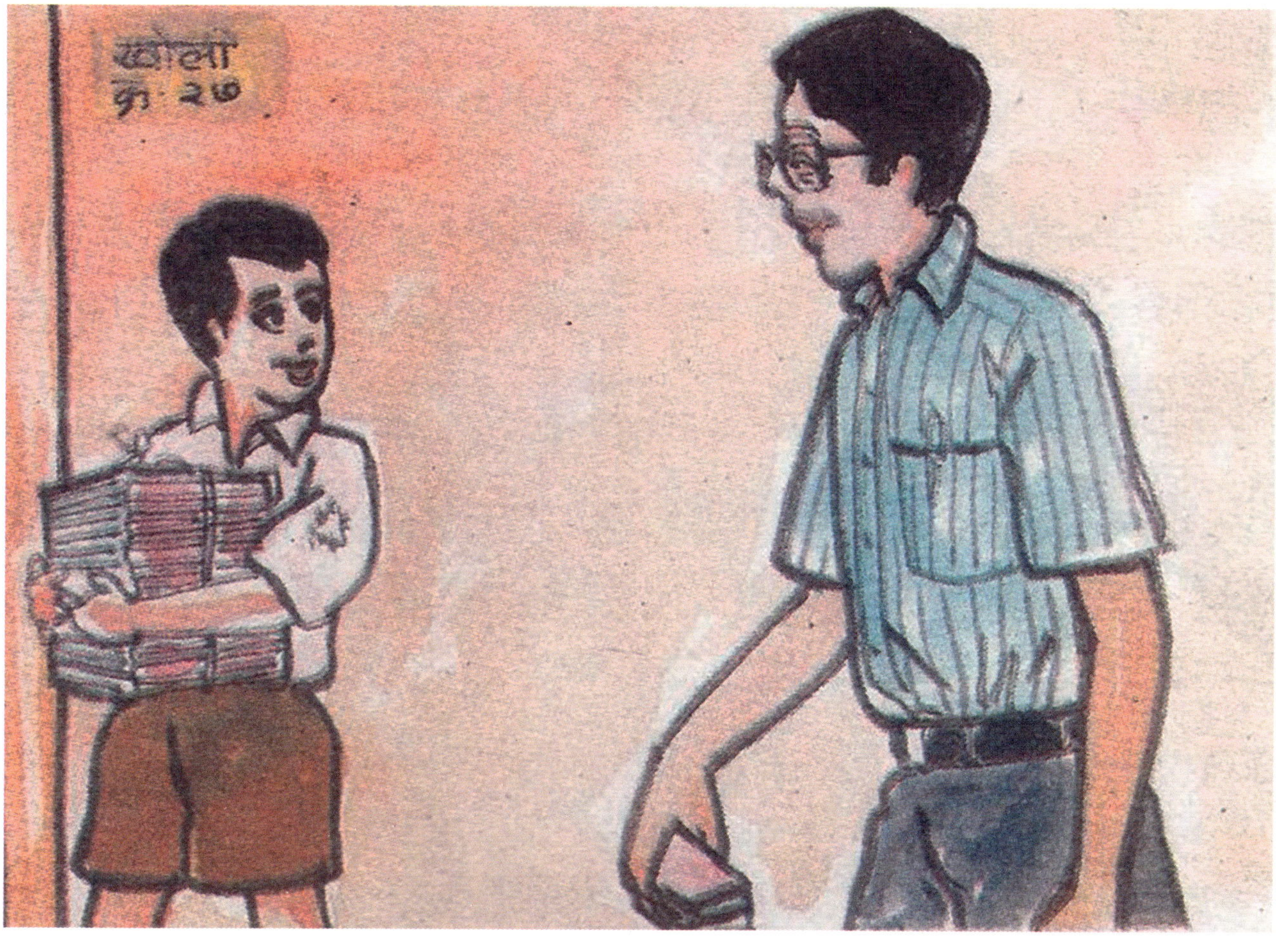

उसकी बात सुनकर मैंने कहा, ''मयूर मेरे बच्चे, मुझे इस बात का अभिमान है कि तुम्हारे जैसा अमीर लड़का मेरी कक्षा में है।''

''इसलिए कहता हूँ सर...''

''तुम्हारा नाम जिन कारणों से चुना गया था तुम निश्चित ही उन शर्तों का अनुसरण नहीं करते। चयन में हम लोगों से ग़लती तो ज़रूर हुई है पर शायद इस छात्रवृत्ति को प्राप्त करने वाले छात्र को सबसे हरफनमौला और बुद्धिमान छात्र कहना उचित होगा...''

''सर अभी नहीं, एक वर्ष गुज़र जाने दीजिए। मैं जो अच्छी–अच्छी किताबें पढ़ता हूँ उनसे मुझे एक सीख अवश्य मिली है कि केवल परिश्रम व कष्ट करने से ही इन्सान सफलता के शिखर तक पहुँचता है। मैं चाहता हूँ कि मेरे जैसे विद्यार्थियों को आप दिशा दिखायें, प्रोत्साहन दें। लेकिन सर, अगर आप पैसा देंगे तो मैं संघर्ष का महत्त्व कभी नहीं जान पाऊँगा। और साथ ही मेरे हर व्यवहार को पैसे के लालच से जोड़कर देखा जायेगा।''

मैंने मयूर की तरफ़ कौतूहल से देखा। विद्यालय का सबसे अमीर लड़का मेरे सामने खड़ा था। अमीर! सबसे अमीर!

विचारों का परिवर्तन

लेखक : अनामिक

'विचारों का परिवर्तन' कहानी के माध्यम से कहानीकार ने बाल मन में व्याप्त अन्धविश्वासों को उजागर किया है। बाल जीवन में उपस्थित बड़ों के विचारों को भी कहानी बख़ूबी दिखाती है। इसे विडम्बना ही कहा जायेगा कि बड़े ही बच्चों में अन्धविश्वास का बीज बोते हैं और बड़े ही शिक्षक के रूप में उस अन्धविश्वास का निवारण करते हैं। अजय पर केन्द्रित यह कहानी पठनीय है।

अजय आठवीं कक्षा का छात्र था। अत्यन्त सादा, सरल व दूसरों के कार्य करने के लिए सदैव तत्पर। जितना वह पढ़ाई में होशियार था उतना ही खेलों में भी निपुण। जब भी सहपाठी मुसीबत में होते, वह उनकी सहायता करने के लिए एक पैर पर तैयार रहता। इसी कारण सभी उसको अपना मानते थे। शिक्षकों का भी वह प्रिय विद्यार्थी था।

विद्यालय में पिकनिक की चर्चा थी, पर अजय उदास था। उसे एहसास था कि आई (माँ) पिकनिक की फीस नहीं भर पायेगी। घर की परिस्थिति उसे अच्छी तरह से पता थी। इसी कारण उसने पिकनिक की चर्चा घर में नहीं की। परन्तु आई तो आई, उसे पिकनिक की ख़बर कहीं से लग गयी। उसने अजय को पिकनिक की फीस दे दी। अजय की ख़ुशी का कोई ठिकाना नहीं रहा। पहली पिकनिक के बारे में सोचकर वह बहुत उत्साहित था। उसका दिमाग़ हर वक़्त पिकनिक के बारे में ही सोचने लगा। कब पिकनिक का दिन आयेगा, वह यही सोचता रहता। अन्ततः पिकनिक का दिन शनिवार निर्धारित हुआ। शनिवार सुनकर अजय के मन में शंका की लकीरें उभर आयीं।

अगले दिन अजय को पिकनिक पर जाना था। उसने ज़ोर देकर अपनी आई को कहा, "आई मुझे सुबह जल्दी उठा देना नहीं तो मैं लेट हो जाऊँगा।" उसको रातभर नींद नहीं आयी। कब दिन निकलेगा वह रातभर सोचता रहा। दिन निकल आया। अजय जाग गया। वह स्वयं जल्दी–जल्दी तैयार होने लगा। तभी उसने दीवार पर छिपकली को चुक–चुक करते देखा। अजय ने छिपकली की तरफ़ देखकर मुँह बनाया।

तैयार होकर आई द्वारा बनाया गया भोजन लेकर वह पिकनिक पर जाने के लिए जैसे ही घर से बाहर निकला, बिल्ली उसका रास्ता काट गयी। एक बार फिर उसका मन खट्टा हो गया। क्या मेरी पिकनिक आज सफल होगी? यह सोचते–सोचते अजय विद्यालय पहुँचा। बस आ चुकी थी और बच्चों का उत्साह देखने लायक था। बस चार–पाँच किलोमीटर ही चली होगी कि अचानक बस का टायर पंक्चर हो गया।

बच्चों का उत्साह क्षीण हो गया। सब बच्चे बस से नीचे उतरने लगे। इसी बीच बस से उतरते समय अजय के मित्र का पैर मुड़ गया। वह दर्द से कराह उठा। उसे रोता देख अजय का मन खिन्न हो गया। सुबह से यह क्या हो रहा है? अजय मन में सोचने लगा। छिपकली का चुक–चुक करना, बिल्ली का रास्ता काट जाना तो आई अपशगुन मानती है। क्या सच में ये शगुन–अपशगुन होते हैं?

अजय बस से उतरकर एक पत्थर पर जाकर बैठ गया। पैर में चोट लग जाने के कारण उसके दोस्त को एक अध्यापक अस्पताल ले गये। अजय उदास है, यह उसके कक्षाध्यापक को महसूस हुआ। उन्होंने अजय के पास जाकर उसकी पीठ पर हाथ रखा तो वह चौंक गया। उन्होंने अजय से पूछा, ''क्या हुआ अजय? यहाँ क्यों बैठे हो?'' अपने मन में चल रहे द्वन्द्व को अजय ने अपने अध्यापक के सामने ज़ाहिर किया। अन्त में उसने सर से कहा, ''सर सुबह से यह सब अपशगुन और ऊपर से आज शनिवार, शनिवार मतलब कुछ न करने वाला दिन, ख़राब दिन। सर, अपनी पिकनिक सफल होगी न?'' उसकी बात सुनकर सर ने हँसते हुए कहा, ''चलो, बस ठीक हो गयी।''

इसी बीच डॉक्टर के पास से अजय का मित्र व अन्य अध्यापक भी वहाँ पहुँचे। मित्र को हँसते हुए आता देख अजय को प्रसन्नता हुई। डॉक्टर ने उसके पैर की मोच ठीक कर दी थी और उसे कुछ दवाई भी दे दी थी।

दिनभर बच्चों ने ख़ूब धमाल मचाया, मज़ा किया, कविताएँ गायीं, गानों की अन्ताक्षरी खेली, ख़ूब बातें कीं, डांस किया और चुटकले सुना–सुना कर हँसते–हँसते सब लोटपोट हुए। सभी ने प्रकृति का लुत्फ़ उठाया।

शाम को जब सब पिकनिक से लौटे और सभी एक–दूसरे को बाय बाय कर घर जा रहे थे तभी सर ने अजय से पूछा, ''अजय कैसी रही पिकनिक? कैसा रहा आज का दिन।''

अजय आनन्द से बोला, ''सर ख़ूब मस्त, ख़ूब मज़ा आया। पिकनिक में ख़ूब धमाल किया। क्या दिन था आज!''

सर खिलखिलाकर हँसने लगे। अजय के कन्धे पर हाथ रखकर बोले, ''अजय कोई भी दिन ख़राब नहीं होता। और तुम तो विज्ञान के छात्र हो और ऐसी अवैज्ञानिक बातों पर

भरोसा करते हो।'' अजय असमंजस की स्थिति में पड़ गया। वह भौचक्का होकर सर को देखने लगा।

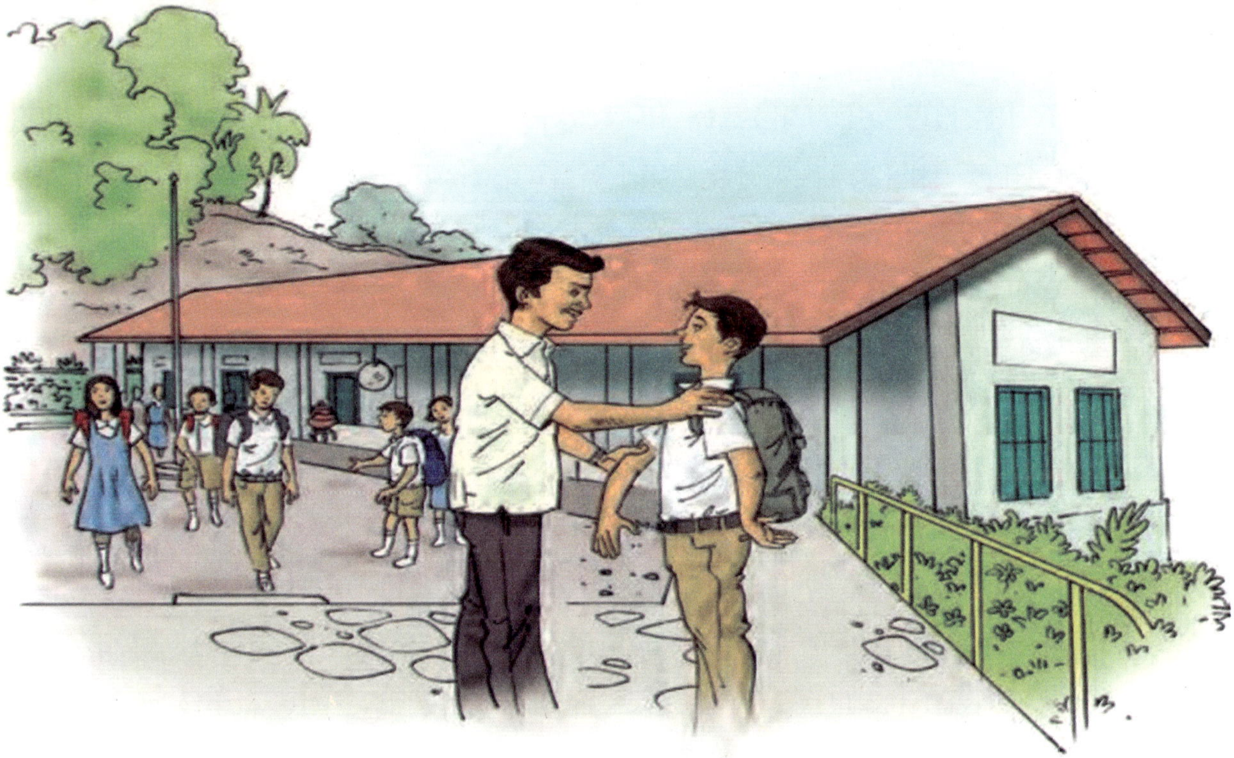

सर ने आगे कहा, ''अरे विज्ञान ने कितनी प्रगति कर ली है। संसार कितना आगे निकल गया है। हर रोज़ नये–नये आविष्कार हो रहे हैं। और हम इन बेतुकी बातों पर विश्वास कर बैठे हैं? बेटा, अगर हम कुछ खायेंगे तो आवाज़ तो होगी न, चाहे चुक–चुक ही क्यों न हो। क्या यह स्वाभाविक नहीं? और बिल्ली सजीव है तो क्या वह इधर–उधर नहीं घूमेगी। क्या, वह एक ही जगह बैठ सकती है? उसके आने–जाने का अर्थ हम क्यों निकालें। दूसरी ओर बस के टायर के नीचे कोई नुकीली चीज़ आयेगी तो वह पंक्चर होगा कि नहीं? अपशगुन वग़ैरह कुछ नहीं होता और बेटा सारे दिन अच्छे होते हैं। मैं तो कहूँगा कि जिस दिन हम बुरे काम करते हैं, किसी को दुख देते हैं, बुरा–भला कहते हैं हमें उसी दिन को बुरा मानना चाहिए। क्या समझे ?'' अजय की बुद्धि पर जैसे सैकड़ों प्रकाश किरणें एक साथ पड़ रही थीं। 'हम कितने अवैज्ञानिक विचार रखते हैं', यह एहसास उसे होने लगा। उसका मत परिवर्तन हो गया। साफ़ और नये मन से वह अपने घर की ओर मुड़ गया।

लेकिन थोड़ी देर हो गयी

संदीप हरी नाझरे (जन्म 1984) : चारोली, कविता, कहानी, अनुभव कथन, लेख, ललित लेखन आदि विधाओं में सक्रिय लेखन। 'वज्रमूठ' इनका प्रसिद्ध कविता संग्रह है। साथ ही विभिन्न मराठी पत्र–पत्रिकाओं में सक्रिय लेखन।

कारगिल जैसे तनावपूर्ण क्षेत्र में तैनात सैनिक अपनी बीमार माँ को देखने के लिए पहुँचता, उससे पहले ही उसकी मृत्यु हो जाती है। सैनिकों की मातृभूमि के प्रति कर्तव्यनिष्ठा व परिवारजनों के प्रति नैसर्गिक प्रेम प्रस्तुत पाठ का महत्त्वपूर्ण केन्द्र बिन्दु है।

जगह कश्मीर सीमा। हिमालय का अत्यन्त दुर्गम, कठिन वातावरण। ऐसे ख़तरनाक इलाके में ड्यूटी करना किसी भी सैनिक के लिए चुनौती होती है। सीमा सुरक्षा का निरन्तर तनाव और प्रकृति की मार दोनों ही चुनौतियों का सैनिक बड़ी निडरता से सामना करते हैं। यहाँ की बारिश व जाड़ा जितना जानलेवा होता है ग्रीष्म ऋतु उतनी ही सुखद व लुभावनी होती है। बर्फ़ पिघलने के कारण इस ऋतु में सम्पूर्ण पर्वतमाला हरियाली से ओत–प्रोत हो जाती है। दूसरे शब्दों में कहें तो धरती न के बराबर दिखती है और ऐसा लगता है मानो उसने हरी साड़ी पहन ली है। ऐसी रमणीय प्रकृति हमारा मन उल्लसित करती थी।

मार्च का महीना था। आठ–दस दिन में एक बार डाकिया हमारी बटालियन में आता था। डाकिये के आते ही भीड़ इकट्ठी हो जाती थी। अपने परिजनों के पत्र पढ़ते हुए फौलादी सैनिकों का मन भी द्रवित हो उठता। एक–दूसरे का हौसला बढ़ाते हुए और अपने गाँव की यादों को समेटते हुए हम फिर एक बार नये जोश से काम पर लग जाते।

पत्नी द्वारा भेजा गया अन्तर्देशीय पत्र लेकर मैं बंकर की तरफ़ निकला। पत्र पर उसके सूखे हुए आँसुओं के निशानों के अलावा कुछ नहीं था। पत्र में कुछ लिखा न होने के बावजूद मैं उसे काफ़ी देर तक देख रहा था। यहाँ से घर जाने का मतलब था छुट्टी के आठ–दस दिनों का यात्रा में ही निकल जाना। गाँव जाने के बाद सगे–सम्बन्धियों के पास भी जाना पड़ता था। उसी बीच रक्षाबन्धन, भाऊबीज आदि को बहनों के घर जाकर मनाना आदि

करते–करते वापस जाने का समय कब आ जाता था, पता ही नहीं चलता था। कारगिल जैसे दुर्गम स्थान पर परिवार को अपने साथ रखना किसी भी सैनिक के लिए लगभग असम्भव था। मेरी पत्नी को इस बात की कभी शिकायत नहीं थी। मेरे द्वारा देश सेवा के लिये गये वचन से वह अवगत थी।

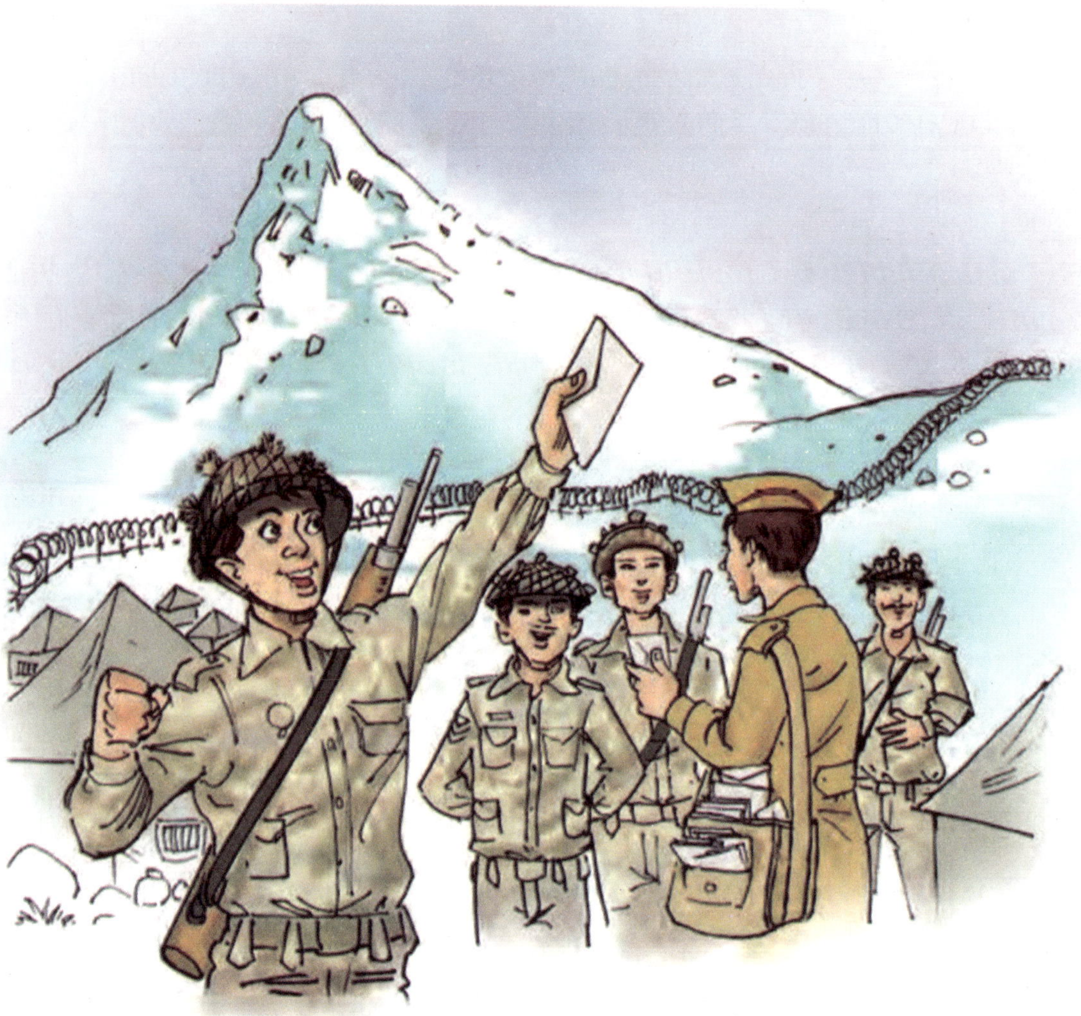

मेरे पिताजी को भी मुझ पर गर्व था। मेरे घर पहुँचते ही मुझे कसकर बाँहों में भर लेते। मेरे द्वारा लायी गयी मिठाई वह सारे गाँव में बाँटते फिरते। वहीं दूसरी तरफ़ मेरी माँ भावुक व संवेदनशील थी। मेरी पीठ पर लगे गोली के निशान को देखकर जो उसने एक बार बिस्तर पकड़ा तो कभी नहीं छोड़ा। मैं अपने परिवार में सबसे छोटा था इसलिए सब मुझसे बेहद प्रेम करते थे। अपने परिजनों व भावुक माँ का प्यार हमेशा मुझे याद आता था, किन्तु माँ भारती की सेवा व ज़िम्मेदारी भी कम महत्त्वपूर्ण नहीं थी। मेरा मानना था, "भारत माता के लिए लड़ते हुए अगर मेरे प्राण भी चले गये तब भी मैं अपने देश के तिरंगे में लिपटकर ही वापस जाऊँगा। यह देखकर निश्चित रूप से मेरे परिवारजनों की छाती गर्व से चौड़ी हो जायेगी।"

कल छुट्टी काटकर गाँव से आये सुखदेव ने गाँव की आबोहवा की जानकारी दी। मेरी माँ की बीमारी बढ़ गयी थी। माँ ने उसके हाथ सन्देश भेजा था। उसका एक–एक शब्द मेरे अन्तर्मन को झकझोर रहा था। "मैं बीमार ज़रूर हूँ लेकिन तुम मेरी चिन्ता मत करना। घर पर सब लोग मेरी ख़ूब देखभाल करते हैं। तुम अपने कर्तव्य व भारत माता की रक्षा जी–जान लगाकर करते रहना।" मेरा मन व्याकुल हो गया। आँसू रुकने का नाम ही नहीं ले रहे थे। जी घबरा रहा था। मन उचाट हो गया। मैं तुरन्त उठा और जाकर मेजर साहब के सामने खड़ा हो गया। मेरी अवस्था देखकर वह भी असहज हो गये। उन्होंने तत्काल ही मेरी छुट्टी मंजूर कर दी।

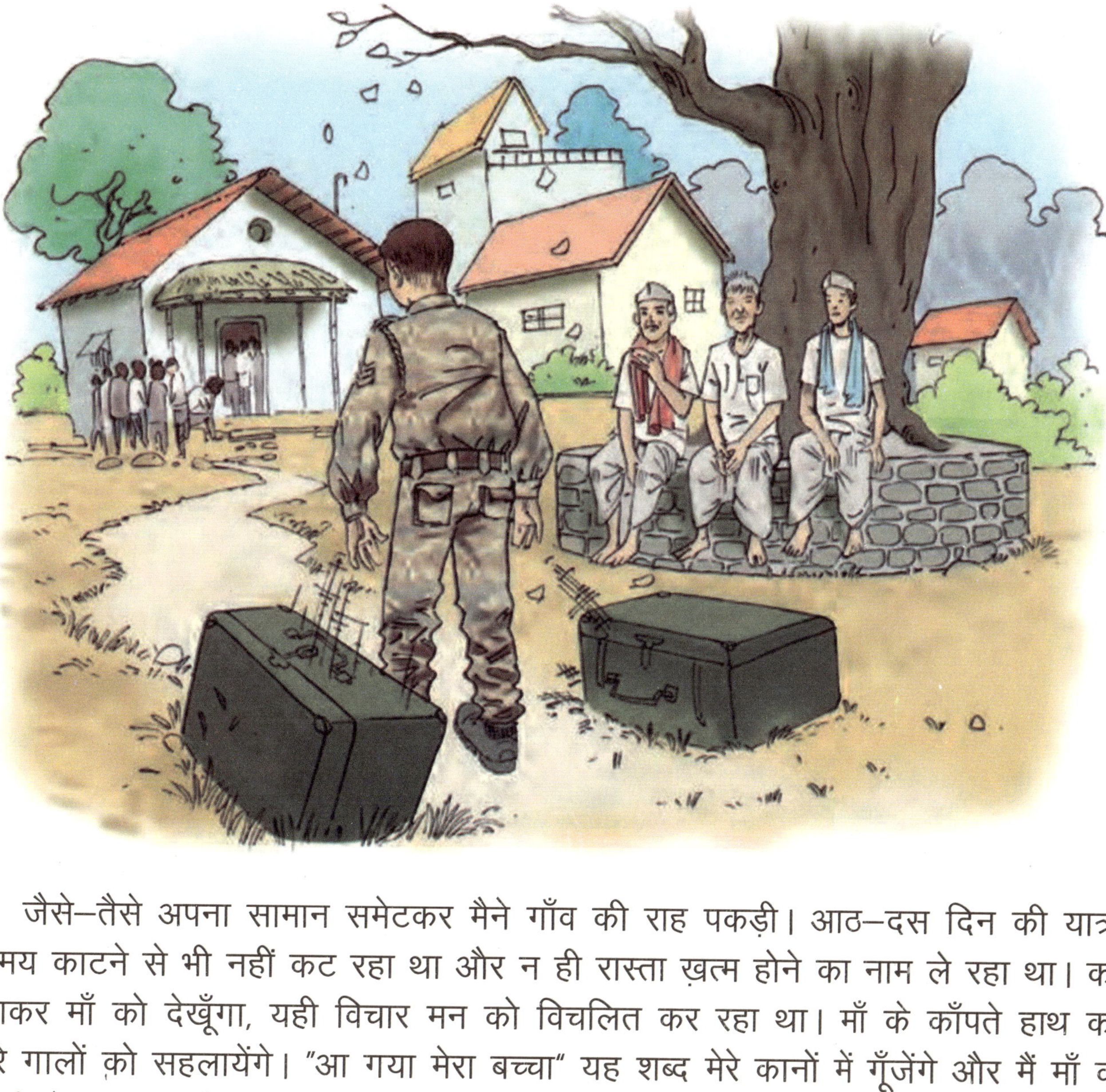

जैसे–तैसे अपना सामान समेटकर मैने गाँव की राह पकड़ी। आठ–दस दिन की यात्रा, समय काटने से भी नहीं कट रहा था और न ही रास्ता ख़त्म होने का नाम ले रहा था। कब जाकर माँ को देखूँगा, यही विचार मन को विचलित कर रहा था। माँ के काँपते हाथ कब मेरे गालों क़ो सहलायेंगे। "आ गया मेरा बच्चा" यह शब्द मेरे कानों में गूँजेंगे और मैं माँ की गोदी में समा जाऊँगा। यही सोच दिलोदिमाग़ पर हावी थी।

जैसे ही गाँव की सीमा पर पहुँचा, काम करते लोग एक अजीब सी नज़र से मुझे देखने लगे। गाँव की चौपाल के पास पहुँचते ही, मुझे कुछ बुरा व अनर्थ होने की आशंका हुई। हाथ में पकड़ा हुआ बक्सा वहीं छोड़कर मैं घर की तरफ़ दौड़ा। मेरे पीछे–पीछे गाँव के लोग भी आ गये। घर में दाख़िल हुआ ही था कि बहनें मेरे गले से लगकर रोने लगीं। वहीं दूसरी ओर मेरे भाई–बन्धु बरामदे में गर्दन झुकाकर बैठे थे। मेरी नज़र घर के एक–एक कोने को देख रही थी। मैं माँ को ढूँढ़ने का प्रयास कर रहा था। "मेरा बच्चा आ गया" इन शब्दों को सुनने के लिए मैं तड़प रहा था। उसके काँपते हाथों का स्पर्श पाने के लिए मैं बेताब था। परन्तु मेरी माँ मुझसे दूर जा चुकी थी, बहुत दूर। मैं उससे मिलने आया था, लेकिन थोड़ी देर हो गयी थी...

सलाम नमस्ते

सुधा मूर्ति (जन्म 1950) : पेशे से इंजीनियर किन्तु लेखन में भी अपनी साख स्थापित कर चुकी सुधा मूर्ति अंग्रेज़ी व कन्नड़ दोनों भाषाओं में लेखन कार्य करती रही हैं। 'वाइज अदरवाइज', 'हाऊ आई टॉट माय ग्रंड मदर' आदि इनकी उल्लेखनीय रचनाएँ हैं। सुधा मूर्ति की रचनाओं का अन्य भाषाओं में भी अनुवाद होता रहा है।

'सलाम नमस्ते' कहानी के माध्यम से लेखिका सुधा मूर्ति ने मानवता के उच्च गुणों जैसे परपीड़ा, संवेदनशीलता, मनुष्य प्रेम आदि को उजागर किया है। शेख मोहम्मद व मृत्यु के द्वार पर खड़ी उसकी बहन जुबेदा हर क़ीमत पर मानव धर्म की रक्षा करते हैं। अपनी मर्मस्पर्शिता व संजीदगी के कारण कहानी हर पाठक व बाल मन को अन्दर तक छू जाती है।

शेख मोहम्मद की एक छोटी–सी दुकान थी। वह स्टेशनरी का सामान बेचता था। हर साल जून के महीने में मोहम्मद से मैं कॉपियाँ ख़रीदती थी। झुग्गी–झोंपड़ी के पढ़ने वाले बच्चों को ये कॉपियाँ बाँटी जाती थीं। उसकी दुकान हमारे ऑफ़िस के पास ही थी। दुकान की जगह उसने किराये पर ली थी। शेख मोहम्मद एक संकोची स्वभाव का व्यक्ति था। हमारे द्वारा ऑर्डर किया गया सामान वह स्वयं ही हमारे पास पहुँचाता था। हमारे यहाँ चेक बनते ही उसको सूचित कर दिया जाता और वह आकर अपना चेक ले जाता।

इस तरह एक दिन वह हमारे ऑफ़िस में आया तो उस वक़्त हम सब लोग मिठाई खा रहे थे, मैंने शेख को भी मिठाई दी परन्तु उसने नहीं खायी।

''शेख तुम्हें मधुमेह की शिकायत है क्या?'' मैंने पूछा।

''नहीं मैडम, मिठाई घर ले जाने की सोच रहा हूँ, घर के छोटे बच्चे इसे मुझसे ज़्यादा चाव से खायेंगे।''

''तुम्हारे कितने बच्चे हैं?'' मैंने पूछा। यह इतनी–सी मिठाई घर वालों को पर्याप्त होगी, मैं मन में सोच रही थी।

''मैडम, मैं एक बच्ची का पिता हूँ, मेरी भांजी भी हमारे साथ ही रहती है। मैडम दरअसल मेरी बहन जुबेदा विधवा है और वह हमारे साथ ही रहती है।''

यह सुनकर मुझे शेख के लिए बुरा लगा। एक छोटा दुकानदार होने की वजह से वह ज़्यादा नहीं कमा पाता होगा। उसके परिवार की यह स्थिति सुनकर मुझे उसके बारे में और अधिक जानने की इच्छा हुई।

''जुबेदा क्या करती है?''

''वह सिलाई में निपुण है। वह और मेरी पत्नी दोनों मिलकर सिलाई का व्यवसाय चलाती हैं। अल्लाह का शुक्र है कि हमारे पास किराये का एक छोटा–सा घर है और हम सन्तुष्ट हैं।''

उसका यह उत्तर मेरे दिल को छू गया। आजकल 'सन्तुष्ट' यह शब्द तो जीवन से लगभग विलुप्त हो गया है।

इस प्रकार कई महीने गुज़र गये। एक दिन अचानक मुझे शेख का फ़ोन आया, ''मैडम, क्या इस बार आप मुझे एडवांस में चेक दे सकती हैं?''

''क्या बात है शेख, कोई ख़ास वजह?''

''जी मैडम, जुबेदा को कैंसर है कल उसका ऑपरेशन है।''

मैंने तुरन्त ऑफ़िस में सन्देश भेजकर चेक उसके घर भिजवा दिया। शेख के बारे में सोचकर मन उदास हो गया। यह बड़ा ऑपरेशन शेख के लिए काफ़ी महँगा साबित होने वाला था। परन्तु फिर भी उसने मुझसे रुपये की माँग नहीं की थी, केवल एडवांस माँगा था। अनुभव ने मुझे काफ़ी कुछ सिखाया है। अपने कुण्डलों को पर्स में छिपाकर ग़रीबों के लिए चन्दा माँगने वाली महिलाओं को मैंने देखा है। स्कॉलरशिप के लिए अपने बच्चों को अनाथ साबित करने वाले अच्छे घरों के माता–पिता को भी मैंने देखा है। ऐसे प्रसंगों में निजी तौर पर फाउंडेशन से मेरा आग्रह रहता है कि हमें अतिशय ज़रूरतमन्द लोगों की मदद पहले करनी चाहिए।

मैंने शेख को फ़ोन किया और पूछा, ''मुझे बताओ कि ऑपरेशन के लिये पैसों की व्यवस्था तुमने कैसे की?''

''मैडम, मैंने अपनी पत्नी और जुबेदा के सारे गहने बेच दिये और साथ ही बैंक से भी थोड़ा क़र्ज़ लिया है।''

''शेख तुमने मुझसे मदद क्यों नहीं माँगी?''

''मैडम मैं तो जैसे–तैसे यह स्थिति सँभाल लूँगा। परन्तु समाज में ऐसे भी लोग हैं जिन्हें मुझसे ज़्यादा आपकी मदद की दरकार है।''

उसका यह उत्तर सुनकर मेरा मन हिल गया। आगे बिना कुछ बोले मैंने उसे अगले दिन मेरे ऑफ़िस में अस्पताल के कागज़ लाने को कहा। मैंने उसे आगे बोलने का मौक़ा ही नहीं दिया।

अगले दिन सुबह–सुबह वह सारे काग़ज़ात लेकर मेरे ऑफ़िस में पहुँच गया। मैंने उसे थोड़ी देर रुकने को कहा।

ठीक प्रकार से सारे काग़ज़ात देखने के बाद मैंने उसे पचास हज़ार का चेक दे दिया। उसके चेहरे पर आश्चर्य था। "मैडम मुझे आपसे इतने पैसे मिल जायेंगे, मैंने उम्मीद नहीं की थी। अपना समझकर आज आपने मेरी मदद की है।'' आमतौर पर ऐसी बातों पर मैं ज़्यादा ध्यान नहीं देती क्योंकि जब भी मैं मदद करती हूँ, लोग प्रायः कुछ ऐसा ही कहते हैं। हालाँकि ज़रूरत समाप्त हो जाने के पश्चात लोग बोलने की भी ज़हमत नहीं उठाते। इस प्रकार कुछ दिन गुज़र गये। ऑपरेशन सफल होने की सूचना शेख ने मेरे ऑफ़िस में भिजवा दी थी। उसके बाद काफ़ी समय तक शेख की कोई सूचना नहीं मिली, हमें भी इस बीच उसकी कोई ज़रूरत महसूस नहीं हुई।

एक दिन ऑफ़िस पहुँचकर मैंने देखा कि शेख रिसेप्शन काउंटर के पास खड़ा है। उसके साथ उसकी चार साल की बच्ची भी थी। वह सूती व झालरदार फ्रॉक पहने हुए थी। उसके ख़ूब सारा तेल लगाये बालों पर पोनीटेल बँधी हुई थी।

शेख के चेहरे पर मुझे दुख दिखाई दे रहा था।

''कैसे हो शेख? क्या तुम्हें मिलने का समय दिया गया था?''

''माफ़ करना मैडम! दो सप्ताह पहले जुबेदा चल बसी। आपने उसकी कितनी मदद की थी। पर वह बदनसीब...। जुबेदा की आपसे मिलकर सलाम नमस्ते करने की काफ़ी इच्छा थी, परन्तु अल्लाह ने उसे बुला लिया। मैं उसकी बेटी को साथ लेकर आया हूँ। इसका नाम है, तबस्सुम।''

मैंने तबस्सुम की तरफ़ देखा। वह इतने बड़े ऑफ़िस व अपरिचित लोगों के बीच कुछ घबराई हुई थी।

उस अनाथ बच्ची को देखकर मेरा दिल बैठ गया। भविष्य व क़िस्मत ने उसके साथ कितना बड़ा अन्याय किया है, इसकी कल्पना उसे भी नहीं थी। उसके मामा ने उससे कहा, ''बेटी, मैडम को सलाम करो।'' उत्तर में बच्ची ने अपने नन्हे हाथों को उठाकर मुझे सलाम किया।

मेरे मुँह से शब्द नहीं निकल रहे थे।

शेख ने बायें हाथ की उँगलियों से अपने आँसू पोंछकर अपनी जेब से एक पैकेट निकाला। ''मैडम यह आपके लिए जुबेदा ने भेजा है। इसे लाने में देर हुई उसके लिए माफ़ी चाहता हूँ।''

मैंने वह लिफ़ाफ़ा खोला तो उसके अन्दर तीन हज़ार रुपये थे। मैं असहज हो गयी।

''मैडम, आपने पचास हज़ार दिये थे किन्तु जुबेदा के ऑपरेशन व दवा–दारू पर केवल सैंतालीस हज़ार ही ख़र्च हुए। जब जुबेदा के बचने की उम्मीद ख़त्म हो गयी तो उसने मुझे कहा, शेष रहा पैसा हम मैडम को वापस कर देंगे। कम–से–कम ये दूसरे किसी ज़रूरतमन्द के काम आयेंगे। हो सकता है किसी ख़ुशकिस्मत की जान बच जाये। मेरे ऊपर अब इन पैसों को बर्बाद नहीं करना चाहिए।''

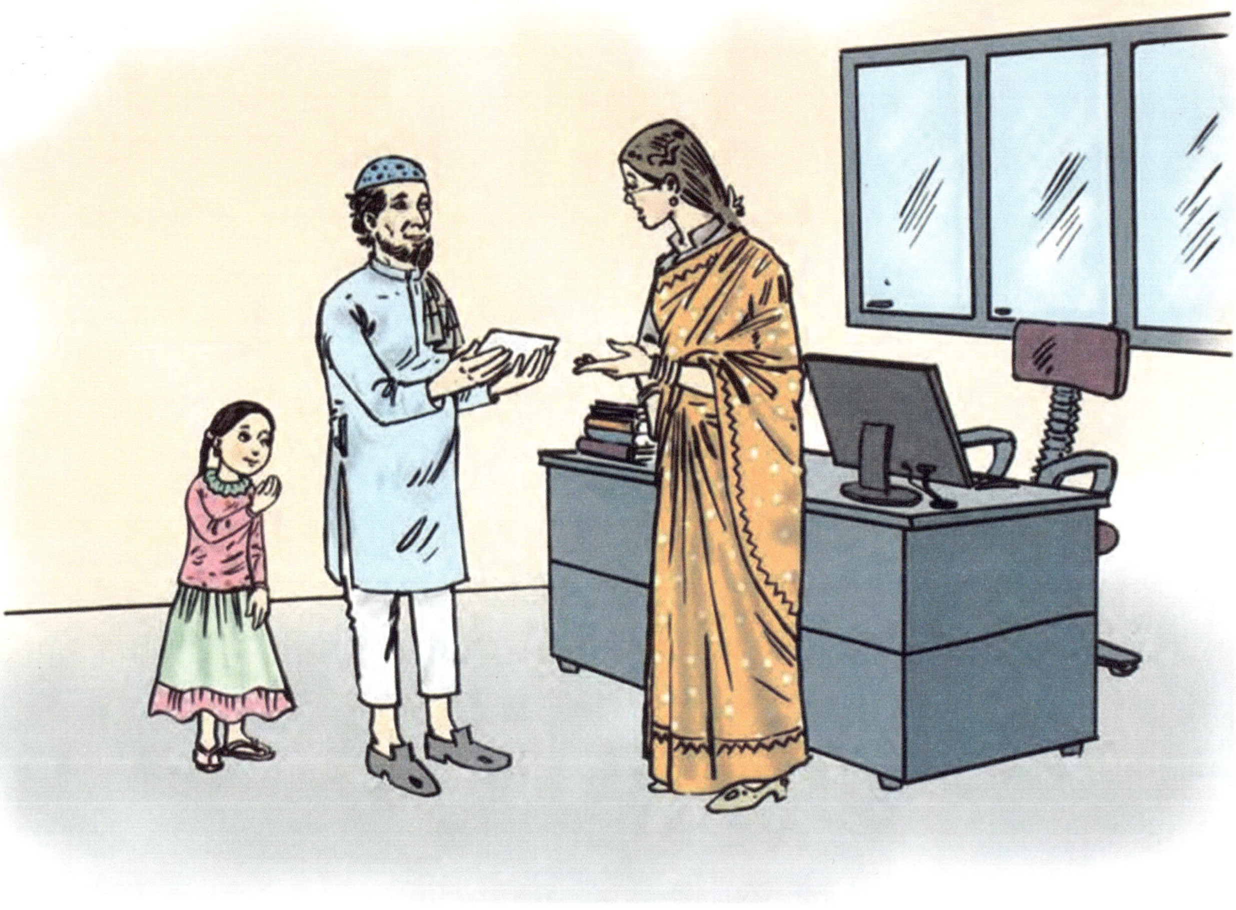

अनजाने में ही मेरी आँखों से पानी बहने लगा। जुबेदा से कभी न मिलने के बावजूद दूसरों के प्रति उसकी भावना को देखकर मैं दंग रह गयी। प्रचण्ड यातना व ग़रीबी झेलते हुए भी दूसरों की भलाई के लिए उसकी कल्पना मुझे आश्चर्यचकित कर रही थी। अपने संकटों से ऊपर उठकर दूसरों के बारे में सोचने वाले लोग इस संसार में दुर्लभ ही हैं। ऐसे समय आपकी शिक्षा, जात–पाँत, धर्म किसी भी चीज़ का कोई मोल नहीं रहता। जुबेदा जैसी भावना के लिए तो हृदय में अपार करुणा व प्रेम होना चाहिए।

मैंने शेख को वह लिफ़ाफ़ा लौटाते हुए कहा, ''यह रुपये तबस्सुम के लिए हैं। अल्लाह की उस पर मेहरबानी बनी रहे। उसे अच्छे से पढ़ाओ और अगर तुम्हें कभी भी कोई मदद चाहिए तो मुझे ज़रूर बताना। ऐसी आशा करती हूँ कि दूसरों के प्रति करुणा का भाव तबस्सुम में अपनी माँ से भी कहीं अधिक हो। पता है अपनी यह पृथ्वी इतनी समृद्ध क्यों है? इसलिए नहीं कि इसके गर्भ में हीरे और सोना चाँदी हैं बल्कि इसलिए कि जुबेदा जैसे लोग ही इसके ऐश्वर्य और वैभव में चार–चाँद लगाते हैं।''

चतुर किसान

लेखक : अनामिक

अनामिक लेखक की कहानी चतुर किसान कृषक बुद्धि का उत्तम उदाहरण है। कहानी का नायक एक किसान अपने वाक्‌चातुर्य से ईश्वर को भी मात दे देता है।

एक किसान ने ईश्वर से कहा, ''हे ईश्वर, मेरे खेत में अच्छी फ़सल आने दो, उसमें से आधा हिस्सा मैं आपको अर्पण कर दूँगा।''

ईश्वर ने कहा, ''ठीक है।''

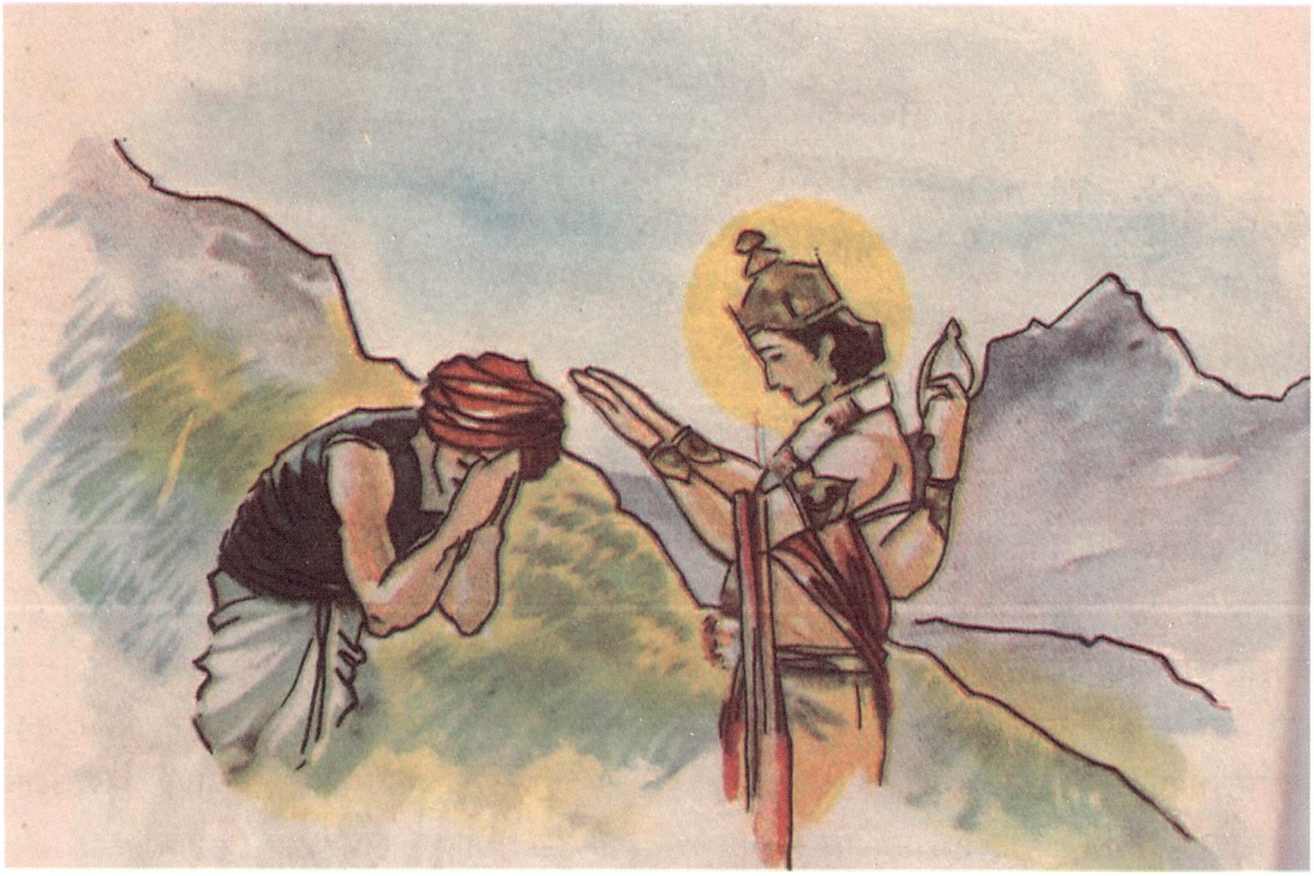

किसान ने एक और प्रश्न किया, ''भगवान आपको फ़सल का ऊपरी हिस्सा चाहिए या निचला?''

किसान की चतुरता ईश्वर जानते थे। वे उसकी चतुरता की परीक्षा लेना चाहते थे इसलिए उन्होंने कहा, ''ऊपर वाला भाग।''

किसान ने मूँगफली की फ़सल उगायी। काफ़ी मात्रा में फ़सल प्राप्त हुई। तय शर्त के अनुसार किसान ने मूँगफली की पत्तियाँ ईश्वर को दे दीं।

ईश्वर हँसने लगे और मन में सोचा...'अच्छा! मुझे ठग रहे हो?'

अगले वर्ष जब किसान ने एक बार फिर ईश्वर से वही प्रश्न किया तो इस बार ईश्वर ने कहा, ''अबकी बार मैं फ़सल का निचला हिस्सा लूँगा।''

किसान ने भी एक तरक़ीब निकाली और ज्वार की फ़सल बो दी। फ़सल बहुत अच्छी हुई। किसान ने अपने लिए ऊपरी बाल (कणसं) रख ली व ईश्वर को डंठल थमा दिये।

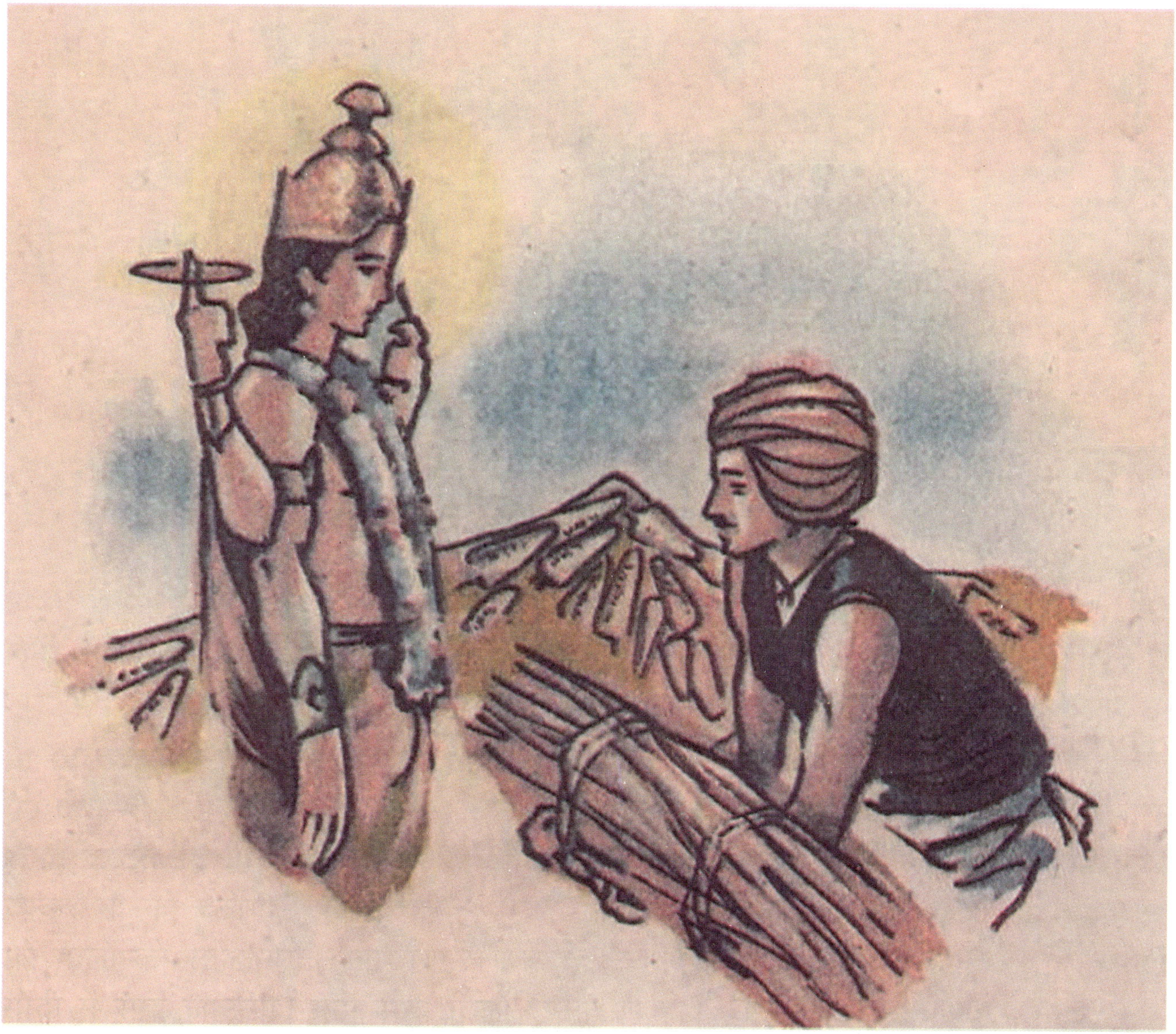

भगवान एक बार फिर हँसने लगे और मन में कहा, 'अरे इस साल भी इसने मुझे ठग लिया? यह काफ़ी चालाक दिखाई देता है।' जब तीसरे साल किसान ने एक बार फिर पूछा तो ईश्वर ने कहा, "इस बार मुझे फ़सल के दोनों हिस्से चाहिए। नीचे से आधा और ऊपर से आधा।"

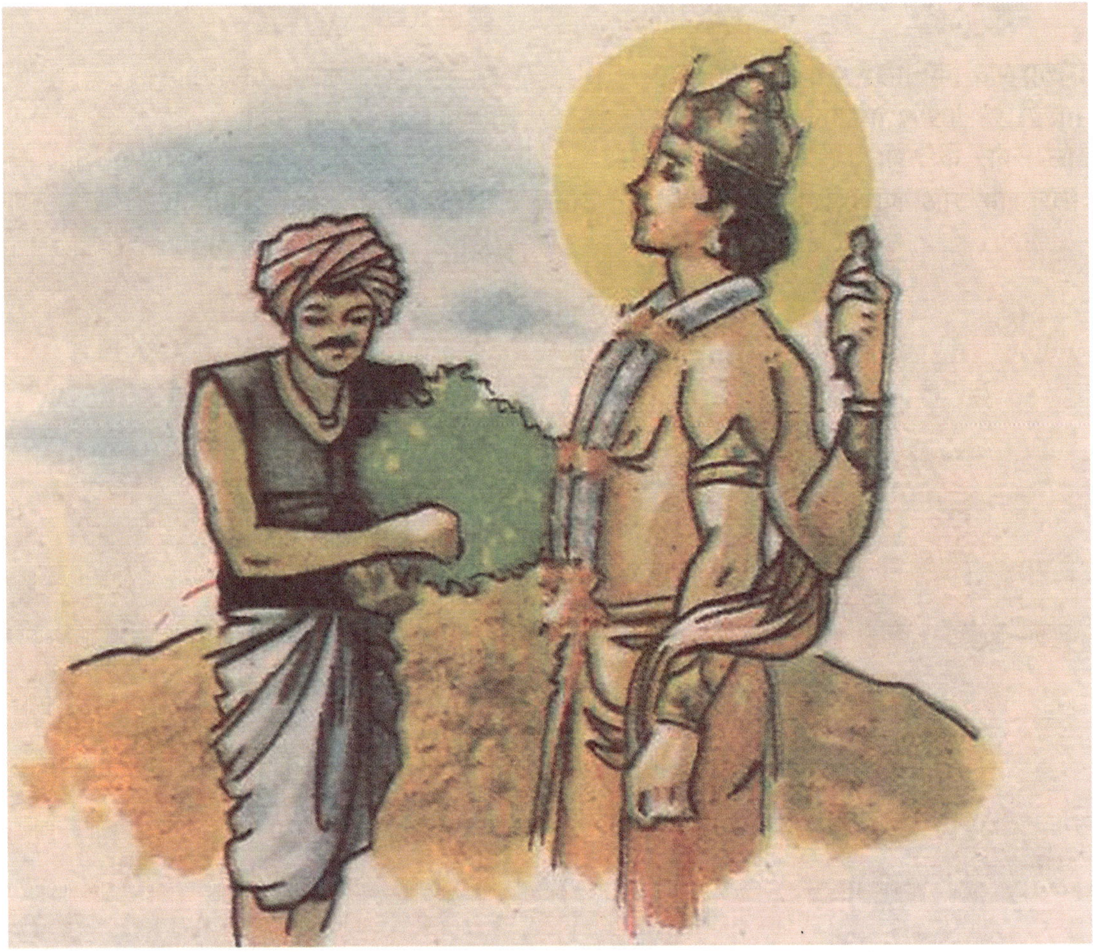

ख़ूब विचार करने के बाद किसान ने उस वर्ष मक्का की फ़सल उगायी। पुनः अच्छी फ़सल हुई। नियम के अनुसार ईश्वर को किसान ने बाल का ऊपरी सिरा व निचले भाग से मक्के का तना भेंट कर दिया। और ख़ुद बीच का भाग यानी मक्के का बाल रख लिया। भगवान को किसान की चतुरता देखकर हैरानी हुई। ईश्वर ने एक बार फिर किसान की परीक्षा लेने का निर्णय किया।

ईश्वर ने वरुण देव को वर्षा की आज्ञा दी, "वरुण देव इस साल तुम केवल पहाड़ों पर ही बरसो। फिर देखते हैं किसान कैसे अपनी फ़सल उगाता है।"

किसान ने एक तोता पाल रखा था। उस तोते ने ईश्वर व मेघराज की बात सुन ली और आकर सारी बात किसान को बता दी। किसान ने भी एक युक्ति लगायी। उस वर्ष उसने

पहाड़ पर ही फ़सल उगाने का निर्णय लिया। उसने पहाड़ पर धान की फ़सल उगायी। भगवान के कथनानुसार सारी वर्षा पहाड़ पर हुई। फिर क्या था? धान की फ़सल भी प्रचुर मात्रा में हुई। चारों ओर धान ही धान। यह देखकर ईश्वर अचम्भित रह गये। वे किसान की चतुरता के कायल हो गये। उन्होंने किसान की पीठ थपथपायी और वरदान दिया कि आगे से हमेशा उसके खेत में अच्छी फ़सल पैदा होगी।

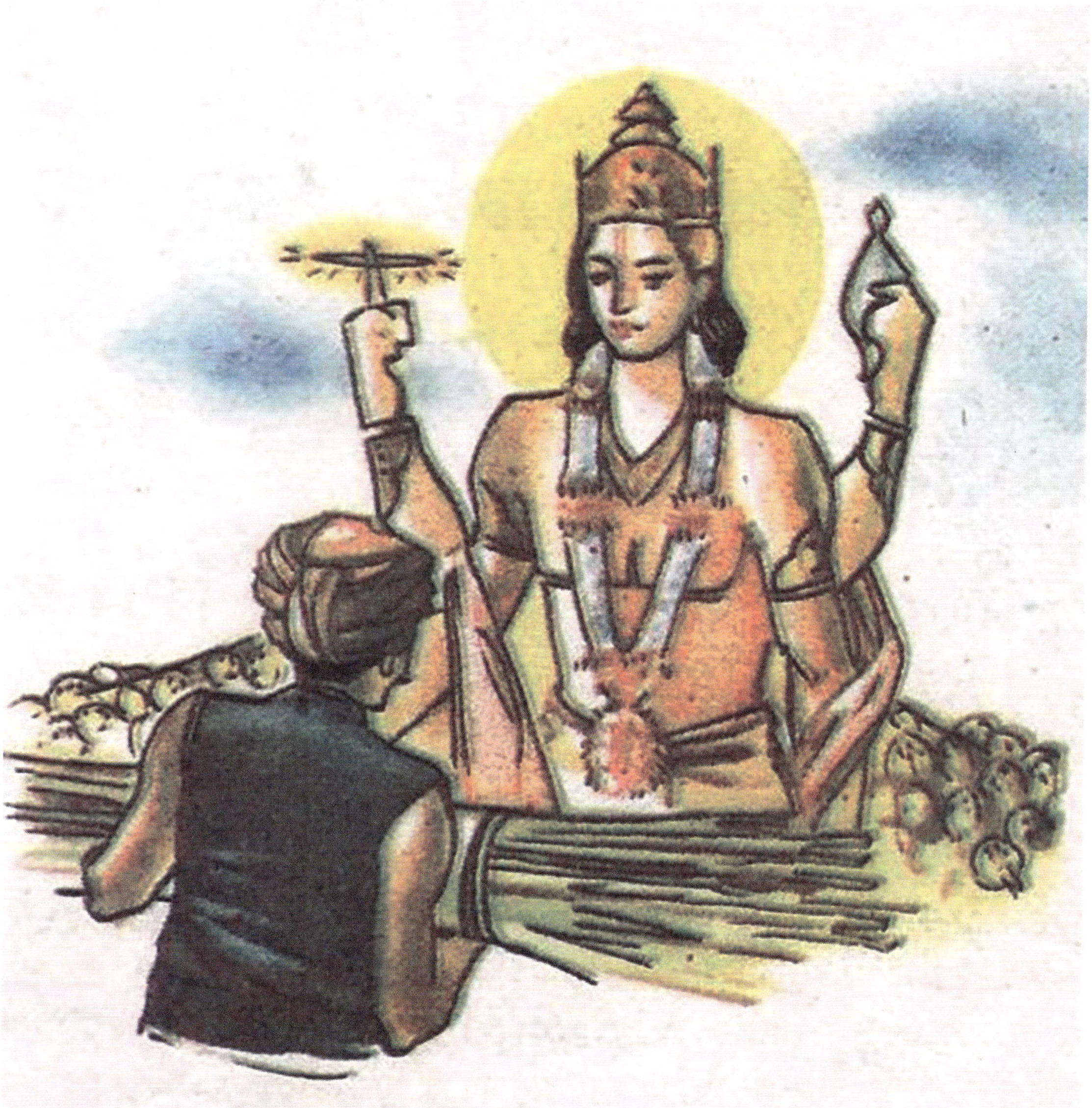

दीनू का बिल

प्रह्लाद केशव अत्रे (जन्म 1898–मृत्यु 1969) : मराठी के जाने–माने नाटककार, फ़िल्म लेखक, कवि व पत्रकार। 'गुरु दक्षिणा', 'साष्टांग नमस्कार', 'तो भी नव्हेच', मोरूची मावशी' आदि इनके लोकप्रिय नाटक हैं जिनका अनेको बार मंचन हो चुका है।

'दीनू का बिल' कहानी के माध्यम से लेखक ने अत्यन्त रोचक ढंग से मानव जीवन में माँ के निःस्वार्थ योगदान को उद्घाटित किया है।

दीनू के पिताजी डॉक्टर थे। कभी–कभार दीनू उनके साथ अस्पताल जाता था। अस्पताल में काफ़ी लोग आते थे। कोई मरीज़ मर्ज दिखाने तो कोई दवाई लेने के लिए आता तो कोई कहता, ''डॉक्टर साहब मेरा पेट दर्द कर रहा है। मुझे देखिए।'' वहीं दूसरा कहता, ''डॉक्टर हमारा बिल कितना हुआ है बताइए।''

एक छोटी–सी कुर्सी पर बैठकर दीनू यह सब देखता व सुनता रहता। अस्पताल की कई बातें अब उसको समझ में आने लगी थीं। परन्तु 'बिल' का नाम वह पहली बार सुन रहा था।

एक दिन दीनू ने पिताजी से पूछा, ''बाबा बिल का मतलब क्या होता है?''

पिताजी ने टेबल से एक बिल उठाया और कहा, ''यह देखो, इसको बिल कहते हैं। पढ़ो इसमें क्या लिखा है।''

दीनू वह कागज़ पढ़ने लगा।

	रुपये	**पैसे**
मरीज़ की जाँच	100	00
दो बार घर आकर जाँच	300	00
दवाई (आठ बार)	100	00
कुल रुपये	**500**	**00**

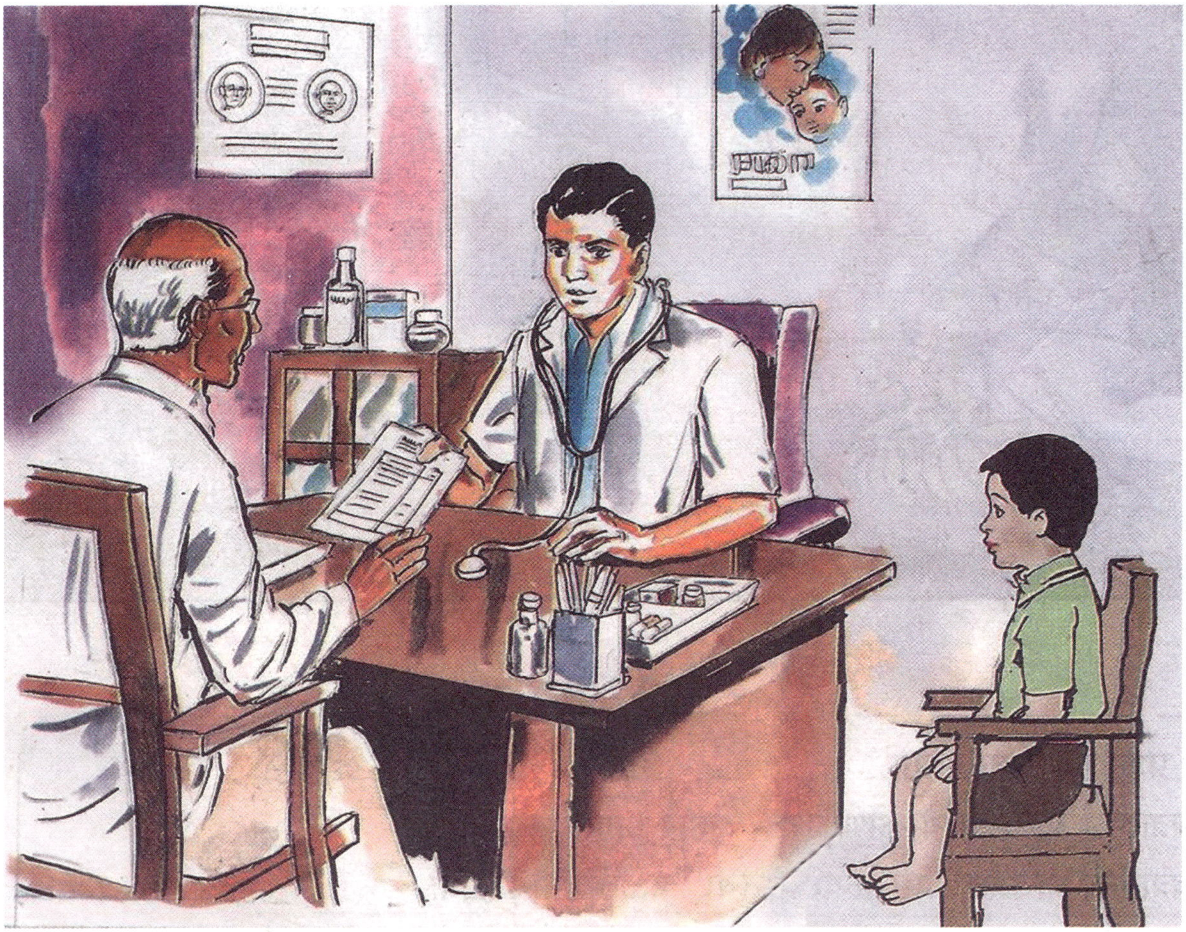

दीनू काफ़ी देर तक उस बिल को पढ़ता रहा। वह अचानक बीच में ही हँस पड़ा। उसे क्या सोचकर हँसी आयी पता नहीं। लेकिन ज़रूर ही कोई विचार उसके मन में आया था।

घर पहुँचते ही दीनू अपने कमरे में पहुँचा और कागज़ पर उसने अपनी माँ के लिए एक बिल तैयार किया।

	रुपये	**पैसे**
बाग से आज फूल लाने के लिए	10	00
छोटे भाई को दो घण्टे सँभालने के लिए	50	00
पड़ोस में सन्देश देने के लिए	40	00
दुकान से चीनी लाने के लिए	20	00
कुल रुपये	**120**	**00**

वह बिल उसने चुपचाप माँ के कमरे में रख दिया। दूसरे दिन दीनू ने उठकर देखा कि उसकी चारपाई के बगल में एक सौ बीस रुपये रखे हैं। उसने उन्हें उठाया ही था कि

रुपयों के बगल से एक काग़ज़ निकलकर गिरा। उसने तुरन्त काग़ज़ उठाकर पढ़ा। माँ ने भी दीनू के लिए एक बिल तैयार किया था।

	रुपये	पैसे
बचपन से आज तक पालन–पोषण करने के लिए	कुछ	नहीं
चार बार बीमारी में दिन–रात जाग कर सेवा करने के लिए	कुछ	नहीं
कहानी सुनाकर मनोरंजन करने के लिए	कुछ	नहीं
शिक्षा के लिए	कुछ	नहीं
कुल	**कुछ**	**नहीं**

दीनू की आँखों में आँसू आ गये। उसका गला भर आया था। उसके हाथों से वह काग़ज़ नीचे गिर गया। उन रुपयों को लेकर वह तुरन्त माँ के पास गया।

बिना कुछ बोले उसने माँ को पैसे वापस कर दिये और माँ की गोद में बैठकर रोने लगा। माँ ने दीनू को पुचकारकर कहा, ''मुझे मेरे बिल के पैसे आज मिल गये।''

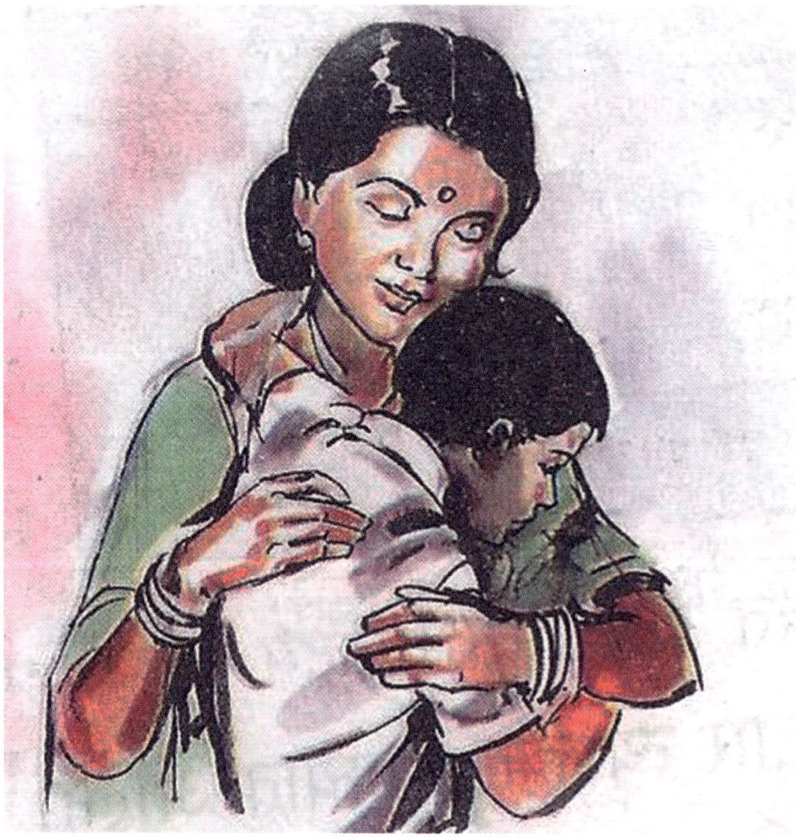

पड़ोसी धर्म

नारायण हरि आपटे (जन्म 1889–मृत्यु 1971) : मराठी में एक अलग ही पहचान रखने वाले नारायण आपटे मूलतः कहानीकार व उपन्यासकार हैं। वे काफ़ी समय तक मराठी की लोकप्रिय पत्रिका 'किर्लोस्कर' से जुड़े रहे। इनकी प्रकाशित रचनाओं में 'अजिंक्य तारा', 'रत्नगुंफा' महत्त्वपूर्ण हैं।

मानव समाज में पड़ोसी की भूमिका दिखलाती यह कहानी अत्यन्त रोचक अन्दाज़ में कहानी के नायक राम को शिक्षित करती है। शुरू में असहमति दर्शाने वाले राम को अन्त में पड़ोसी धर्म का एहसास होता है।

राणोजी खोत अपने बरामदे में बैठे थे। बगल में उनका लड़का अपनी पुस्तकें फैलाकर बैठा था। उसका पढ़ाई में मन नहीं लग रहा था। उसका सारा ध्यान गुलेल बनाने में लगा था। रबर की पतली पट्टी से वह गुलेल बनाने की कोशिश कर रहा था। उसी समय पड़ोस के हरिबाबा पवार अपनी लाठी का सहारा लेते हुए वहाँ आ पहुँचे। उनकी आहट सुन राणोजी खोत बोले, ''आइए मालिक, कैसे आना हुआ?''

हरिबाबा ने ठण्डी साँस लेकर लाठी को टेक दिया तथा स्वयं वहीं पर बैठ गये। राणोजी ने एक बार फिर पूछा, ''कैसे आना हुआ?''

हरिबाबा ने कहा, ''तुम अपने राम को कुछ समय के लिए भेज दो, थोड़ा काम है।''

''हाँ भेजता हूँ, चिन्ता मत कीजिए'' राणोजी ने कहा ही था कि राम चिढ़ते हुए बोला, ''पिताजी आज मुझे काफ़ी काम है। आज मैं नहीं जा पाऊँगा।'' इस पर राणोजी अपने लड़के को बीच में ही टोकते हुए बोले, ''अरे पढ़ाई ज़रूर करो, पर आज थोड़ा कम खेल लेना।''

राम के लिए पिताजी का आदेश सर्वोपरि था। वह कुछ नहीं बोला। थोड़े समय पश्चात हरिबाबा चले गये। उनके जाने के बाद राणोजी ने राम से कहा, ''अरे राम, अगर हमारा पड़ोसी हमें कुछ काम करने को कहे तो तुरन्त ही ना नहीं कहना चाहिए। पड़ोसी धर्म का पालन करते हुए तुम्हें उनके पास जाना चाहिए। ज़रा सोचो, अगर तुम नहीं गये तो क्या उनका काम रुक जायेगा? नहीं रुकेगा, दूसरा कोई आकर उनकी मदद अवश्य ही करेगा। परन्तु वो तुम्हारे विषय में क्या धारणा बनायेंगे?'' राम थोड़ा सहम गया। क्या कहे उसकी

समझ में नहीं आ रहा था, परन्तु फिर भी शिकायती स्वर में वह बोला, ''परन्तु पिताजी मीठा–मीठा बोलकर हरिबाबा हमेशा ही मुझसे काम निकलवा लेते हैं।''

''तो उसमें क्या ख़राबी है। बेटा, मनुष्य को मेहनत करने में आलस नहीं करना चाहिए। मेहनत करने से इन्सान की ऊर्जा बढ़ती है और सबसे बड़ा फ़ायदा इससे हमें लोगों का आशीर्वाद भी मिलता है जो जीवन भर तुम्हारे काम आयेगा।'' राणोजी ने आगे कहा, ''ज़रा सोचो, अगर कल हमें मुसीबत में दूसरों की सहायता की आवश्यकता हुई और हमारे पड़ोसी ने भी तुम्हारे जैसा उत्तर दिया तो तुम्हें कैसा लगेगा?''

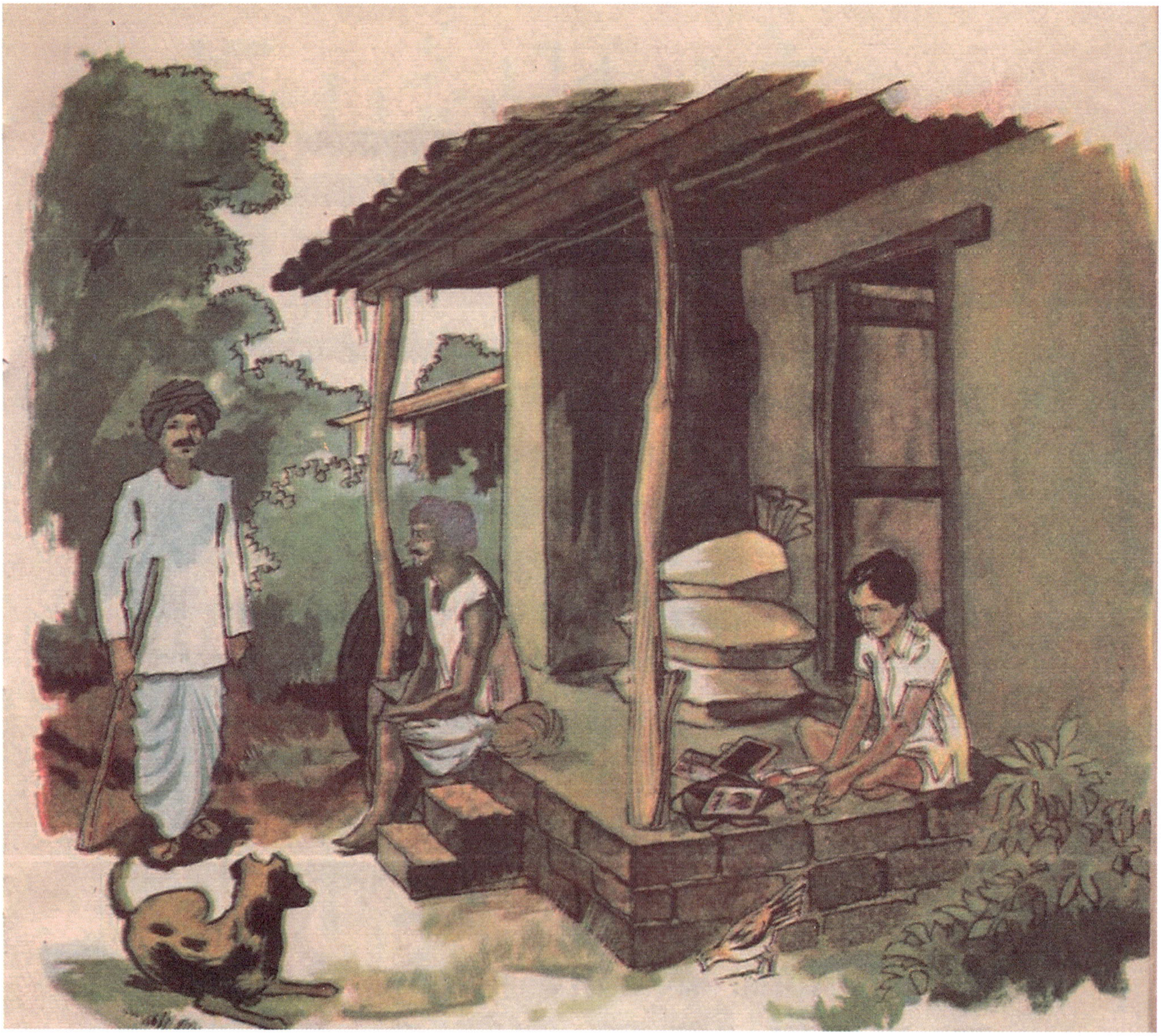

राम ने कोई उत्तर नहीं दिया, वह शान्त रहा। यह देखकर राणोजी एक बार पुनः बोले, ''तुम एक समझदार लड़के हो, इसलिए तुम्हें बता रहा हूँ, ध्यान से सुनो।''

यह कहते हुए उन्होंने अपने हाथ का पंजा राम के सामने रखकर पूछा, ''मेरे हाथ में कितनी उँगलियाँ हैं?''

राम ने उत्तर दिया, ''पाँच।''

''क्या ये पाँचों उँगलियाँ एक जैसी हैं?''

''नहीं, छोटी--बड़ी हैं।''

इस पर राणोजी की हँसी छूँट गयी, ''अरे, यह सच है कि हाथ की ये पाँचों उँगलियाँ एक जैसी नहीं हैं, परन्तु क्या ये सब मिलकर हाथ का पंजा नहीं बनातीं? अगर देखा जाये तो प्रत्येक उँगली अपने में स्वतन्त्र है। फिर भी अगर एक उँगली घायल हो जाये तो पड़ोस की उँगली को भी दर्द महसूस होता है। इन सब में सुख–दुख का भाव एक जैसा है। कोई भी काम ये सब मिलकर ही करती हैं। ये उँगलियाँ मतलब एक–दूसरे की पड़ोसी और पड़ोसी को एक–दूसरे के काम आना चाहिए।''

राम को पिताजी की बात तुरन्त समझ में आ गयी। अपने हाथ के पंजे को देखकर उसके चेहरे पर अब एक ख़ास मुस्कान आ गयी। उसने पंजे को हिलाकर देखा। मुट्ठी को बन्द करके व उसको खोलते हुए कहा, ''पिताजी आप जो कहते हैं वह एकदम सच है। मैं हरिबाबा के पास जाता हूँ। उनका जो भी काम है, मैं कर दूँगा।''

राम के पिता को राम का उत्तर सुनकर बहुत प्रसन्नता हुई।

मेहनत का मन्त्र

लेखक : अनामिक

एक ग़रीब लड़की सरू के माध्यम से लेखक ने मानव जीवन में मेहनत के महत्त्व को दर्शाया है। घोर ग़रीबी की अवस्था में भी सरू व उसकी माँ मानवीय मूल्यों का निर्वाह करती हैं।

सरू एक ग़रीब लड़की है। वह दूसरी कक्षा में पढ़ती है। उसकी माँ विद्यालय के पास नीबू बेचती है। थोड़े–बहुत पैसे मिल जाते हैं। इन्हीं पैसों से वह घर चलाती है। माँ की इच्छा है कि उसकी बेटी ख़ूब पढ़े–लिखे व जीवन में सफलता प्राप्त करे। इसी कारण वह घर ख़र्च में भी कंजूसी करती है।

सरू भी समझदार व गुणी है। वह नियमित रूप से विद्यालय जाती है। विद्यालय से लौटने के बाद वह अपना होमवर्क कर माँ की मदद भी करती है।

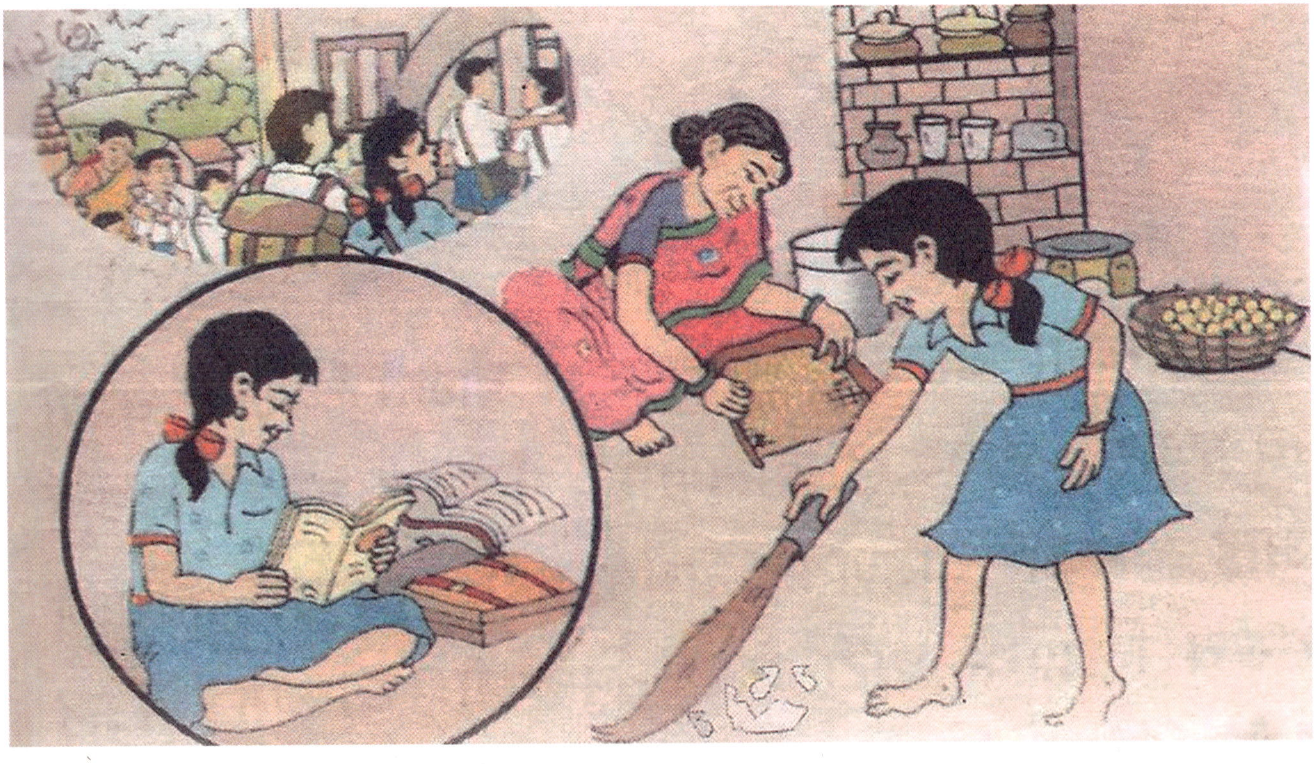

एक बार सरू की माँ बीमार पड़ गयी। उसके लिए चारपाई से उठना भी मुश्किल हो गया। माँ की हालत देख सरू दौड़कर पड़ोस के डॉक्टर को बुला लायी। डॉक्टर ने सरू की माँ को देखकर दवाई दी और उन्हें आराम करने को कहा।

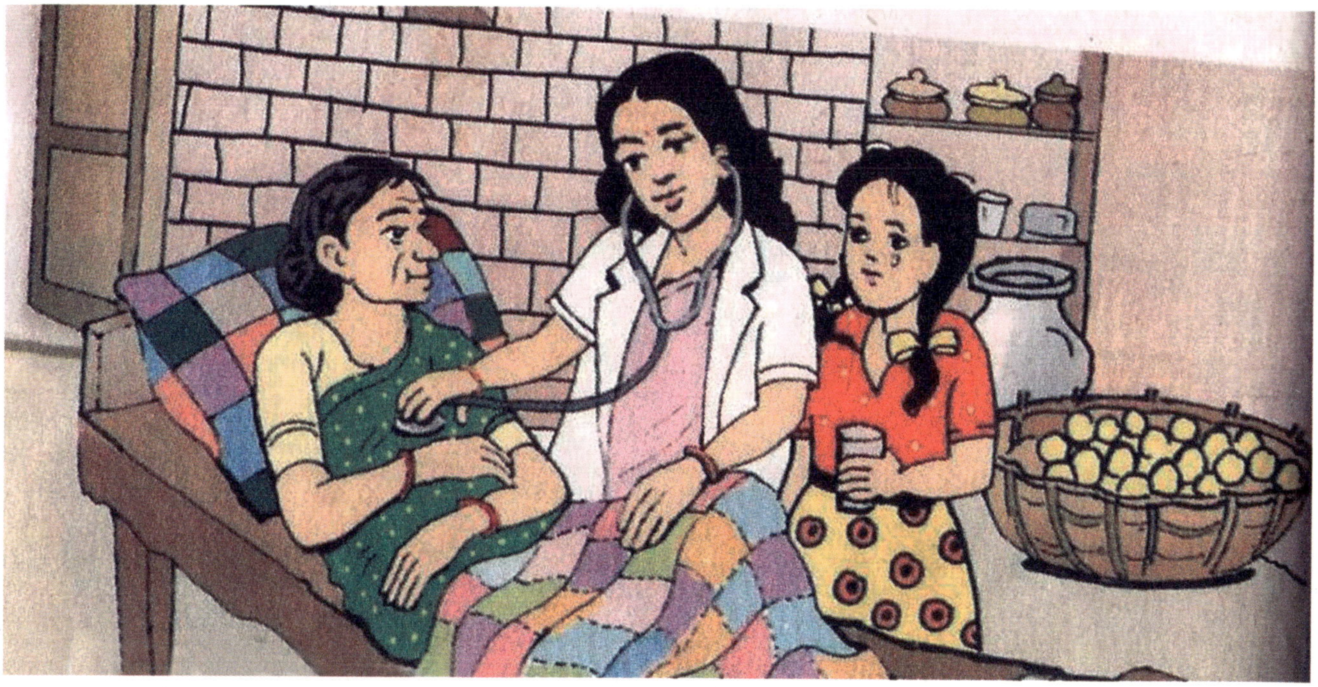

सरू को चिन्ता हुई कि अब नीबू कौन बेचेगा? घर कैसे चलेगा? पैसे तो चाहिए। दूसरे दिन, माँ के मना करने के बावजूद सरू नीबू की टोकरी लेकर निकल गयी। वह चौक पर जाकर नीबू बेचने लगी। नीबू को जल्दी से जल्दी बेचने के लिए वह ज़ोर–ज़ोर से आवाज़ देने लगी, ''नीबू लीजिए, नीबू, ताज़े–ताज़े नीबू, ब़ड़े–बड़े नीबू, रसदार, नीबू... दस रुपये में तीन नीबू।''

इसी बीच एक साहब सरू के पास आये। पहले उन्होंने नीबुओं को हाथ में लेकर देखा। उन्होंने छह नीबू माँगे। सरू ने कहा, ''अरे साहब और लीजिए न, नीबू अच्छे हैं।''

सरू की नीबू बेचने की बेचैनी देख उन साहब ने बारह नीबू ख़रीद लिये। उन्होंने पाचस रुपये का नोट सरू को दे दिया। सरू के पास छुट्टे पैसे नहीं थे, वह बोली, ''ज़रा रुकिये, मैं छुट्टे पैसे लेकर आती हूँ।'' सरू को छुट्टे पैसे खोजने में थोड़ा वक़्त लग गया। जब तक वह आयी, साहब जा चुके थे।

सन्ध्या समय सरू घर लौट आयी। सारा घटनाक्रम उसने अपनी माँ को बताया। माँ ने कहा, ''वो साहब फिर कभी दिखें तो उनके बचे हुए रुपये लौटा देना। किसी के पैसे से मुफ़्तखोरी नहीं करनी चाहिए। हमें हमेशा मेहनत का ही खाना चाहिए।''

दूसरे दिन सरू एक बार फिर नीबू बेचने गयी। कल वाले साहब दिख रहे हैं क्या? उन्हें खोजते हुए वह इधर–उधर देखने लगी। अचानक ही वही साहब उसे जल्दबाज़ी में कहीं जाते दिखे। सरू ने उनको आवाज़ दी। ''अरे साहब, ज़रा रुकिये। कल आप अपने दस रुपये लिए बगैर ही चले गये।''

सरू की ईमानदारी साहब को काफ़ी अच्छी लगी। वह आश्चर्यचकित होकर बोले, ''रहने दो, उसे इनाम समझकर रख लो।'' सरू ने तुरन्त कहा, ''साहब मेरी माँ कहती है मुफ़्त में किसी का कुछ मत लो, केवल मेहनत का ही खाना चाहिए। इसलिए मुझे ये रुपये नहीं चाहिए।'' ऐसा कहते–कहते सरू ने दस रुपये साहब के हाथ में रख दिये और एक बार फिर अपने नीबू बेचने चली गयी। साहब केवल आश्चर्यचकित होकर उसकी ओर देखते रह गये।

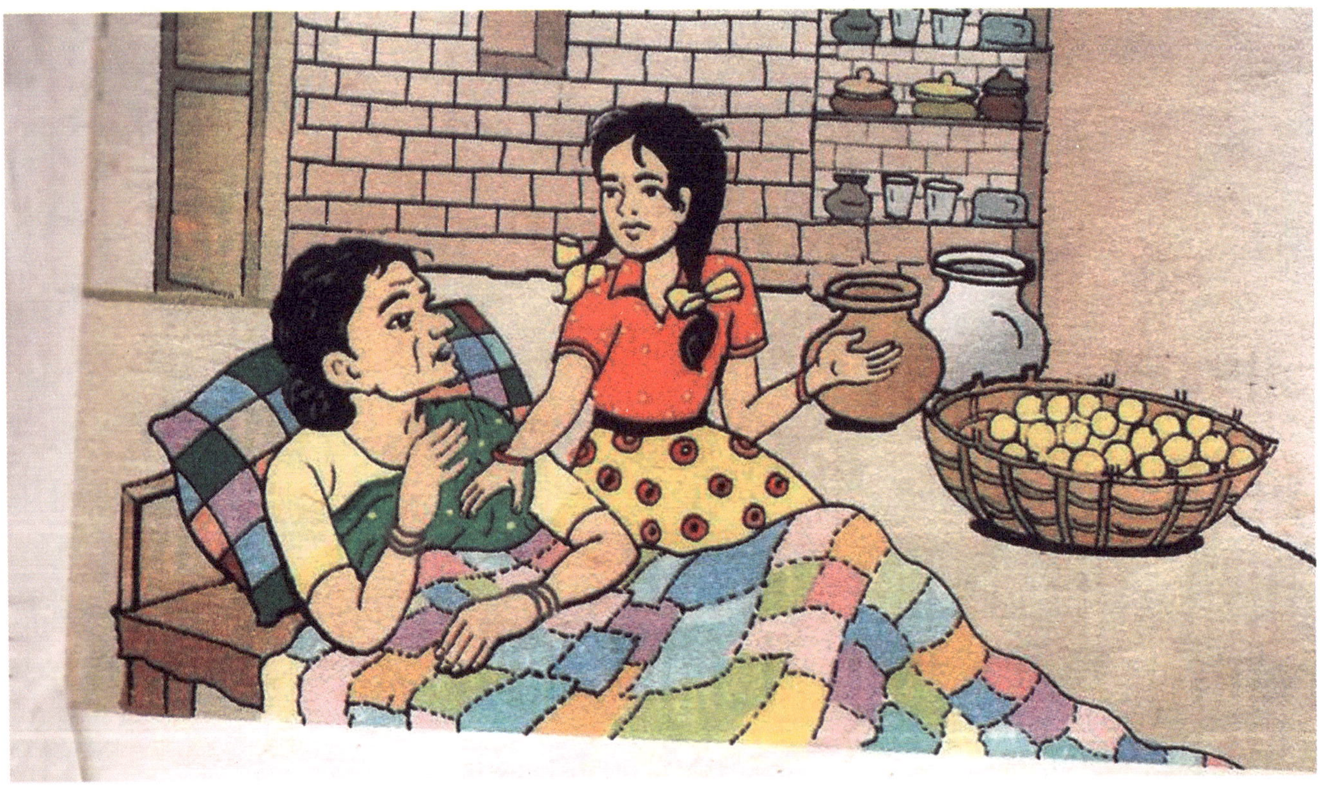

विद्यालय के दिन

वामन कृष्ण चोरघड़े (जन्म 1914–मृत्यु 1995) : महात्मा गाँधी जी के अनुयायी वामन चोरघड़े लम्बे समय तक अध्यापन कार्य से जुड़े रहे। 'सुषमा', प्रस्थान', 'पाय बेला', 'नागबेल' आदि इनके महत्त्वपूर्ण कहानी संग्रह हैं।

लेखक के अपने अनुभव पर आधारित यह बाल कथा ग्रामीण व शहरी जीवन के बीच की खाई को दर्शाती है। कहानी का प्रमुख पात्र अपनी ग्रामीण वेशभूषा, बोली व आचरण के कारण शहरी लड़कों के बीच हँसी का पात्र बन जाता है। परन्तु कहानी उस वक़्त एक नया मोड़ ले लेती है जब ग्रामीण परिवेश से आया व्यक्ति कुछ ऐसे काम करता है जो शहरी लोगों के सामर्थ्य से बाहर हैं। प्रत्येक व्यक्ति में एक विशेष क्षमता होती है। कहानी इस बात को पुष्ट करती दिखती है।

मेरी कक्षा में मुझे और मेरे जैसे दो–चार लड़कों को छोड़कर सभी सम्पन्न परिवारों से आते थे। साबुन से नहाने वाले, इस्त्री किये हुए कपड़े पहने व चेहरों पर तेज़ लिए हुए–ऐसों से मेरा क्या मेल? और हो भी क्यों। क्योंकि रोज़ साबुन लगाकर गर्म पानी से नहाना, हर रोज़ धुले हुए कपड़े पहनना यह मेरी क्षमता से बाहर की बात थी। उनकी भाषा भी मेरी समझ से परे थी। उनके किसी भी सवाल का मेरे पास कोई उत्तर नहीं होता था। शुरुआत के चार–छह दिन तो मैं मौन ही रहा।

लगभग एक महीने बाद एक ऐसी घटना घटी जिसे मैं कभी भी नहीं भूल सकता।

मैं कक्षा में पहुँचा तो देखा कि पहले घण्टे के शिक्षक नहीं आये थे। तभी चार–पाँच सहपाठी मेरे पास आये। उनकी पोशाक, उनका रुतबा और टिप–टाप व्यक्तित्व देख मुझे ख़ुद पर ही शर्म आने लगी। हालाँकि मैंने भी पूरे कपड़े पहन रखे थे। पर वे गाँव के दर्ज़ी द्वारा सिले गये थे। उस दर्ज़ी को पूरा शरीर ढकने से मतलब था, कॉलर छोटी–बड़ी होने पर उसका ध्यान नहीं जाता था।

जैसे ही वे सब मेरे पास आये मैं खड़ा हो गया। कितने गोरे–चिकने, व्यवस्थित, सुन्दर बच्चे थे वो! उनके सवाल और मेरे जवाब अब शुरू हो गये। ''क्या रे! कौन हो तुम? क्या इसी साल स्कूल में आये हो?''

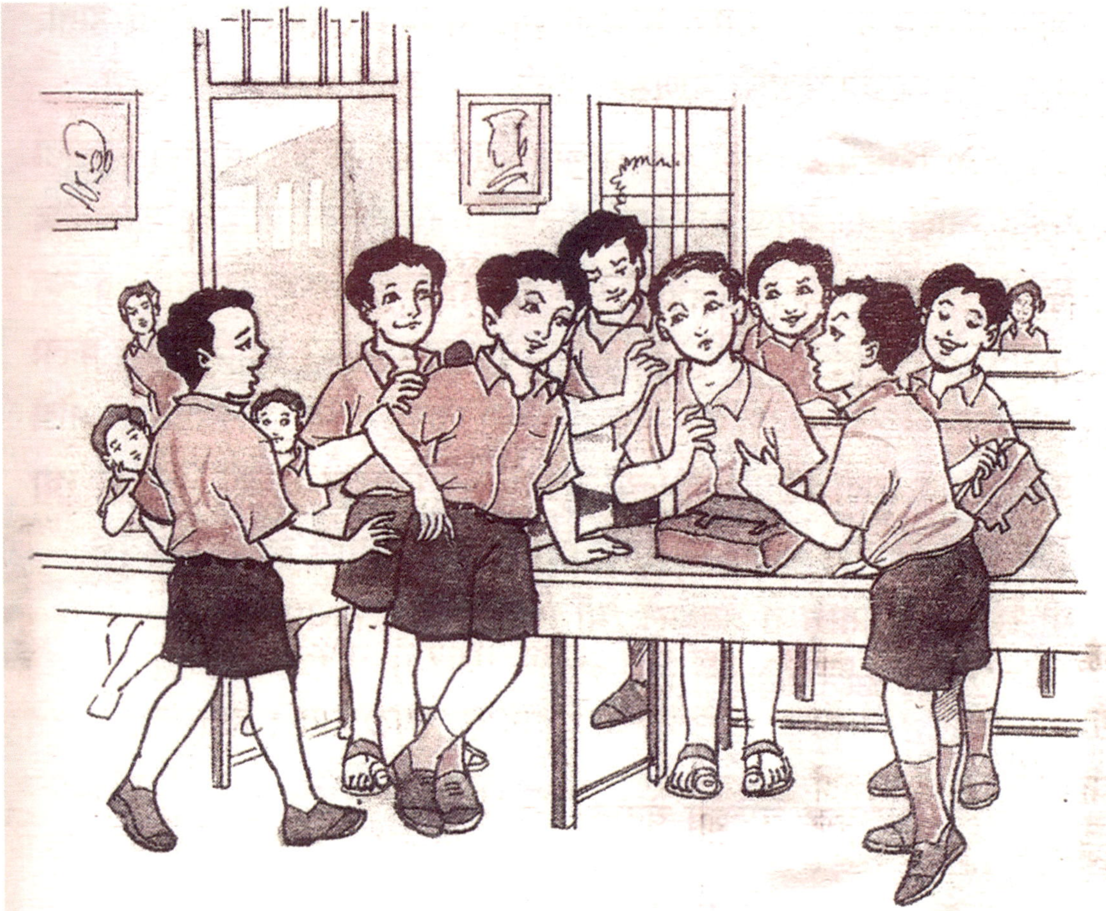

''हाँ, इसी साल काटोल से यहाँ आया हूँ।''

''कहाँ रहते हो?''

''महाल इलाके में।''

''इतनी दूर से कैसे आते हो। क्या तुम्हारे पास साइकिल है?''

''नहीं।''

''क्यों नहीं?'' इसका मेरे पास उत्तर नहीं था।

''तो क्या तुम ताँगे से आते हो?''

''नहीं, मैं पैदल चलकर आता हूँ।''

''क्या तुम्हें साइकिल चलाना आता है?''

''नहीं।''

''क्या तुम्हारे पास रैकेट है?''

''नहीं।''

''क्रिकेट खेलते हो?''

''नहीं।''

उनके हर सवाल का मेरी तरफ़ से 'नहीं' जवाब था। मेरे इतने सारे 'नहीं' उनको चकित कर रहे थे। "धत्त तेरी की, अरे! तुम्हें तो कुछ नहीं आता। तुम इस स्कूल में क्यों आये हो। तुम्हें तो गाँव में ही रहना चाहिए था।" अब मुझे विश्वास हो गया कि शहर ग्रामीण लोगों के प्रति कितना आक्रामक होता है। दिन–प्रतिदिन मेरा आत्मविश्वास गिरने लगा। मैं अब जैसे–तैसे दिन काटने लगा।

गाँव वापस जाना सम्भव नहीं था क्योंकि शहर आने की ज़िद मेरी ही थी। और वैसे भी नागपुर में मेरे रिश्तेदार रहते थे, इस लिहाज से भी शहर मेरे लिए बिलकुल पराया नहीं था।

एक दिन सुबह नौ बजे मैं स्कूल के लिए निकला। रास्ते में ख़याल आया कि क्यों न आज सहपाठियों की ख़बर ली जाये। यह सच है कि उनके पास जो है वो मेरे पास नहीं है। परन्तु यह भी सच है कि जो मेरे पास है वह उनके पास नहीं है। मुझे पहले भी इस दृष्टि से देखना चाहिए था। यही विचार करते–करते मैं विद्यालय में दाख़िल हुआ। अचानक लगा कि मेरे सिर के ऊपर से एक भारी बोझ उतर गया। रिसेस के दौरान 'धत्त तेरी की' कहने वाले लड़कों से मैं रू–ब–रू हुआ तो मुझे देखकर वे हड़बड़ा गये।

मैंने उनमें से एक से पूछा, "तुम्हें कुश्ती आती है क्या?"

"नहीं।"

"सूर्य नमस्कार करना आता है?"

"नहीं।"

"बैलगाड़ी चलानी आती है?"

"नहीं।"

"हल चलाना आता है?"

"नहीं।"

"मेरे साथ दौड़ लगा सकते हो?"

"नहीं।"

"धत्त तेरी की! तुम्हें तो कुछ नहीं आता। फिर इस स्कूल में क्यों आये हो।"

मेरे इस अवतार को देखकर दूसरे लड़के भी चुप हो गये। यह देखकर मुझे केवल आनन्द ही नहीं हुआ बल्कि इन दो–तीन मिनटों में मैंने यह भी सीख लिया कि इस समाज में कैसे जिया जाता है। बाद में मैं स्कूल में काफ़ी रम गया। धीरे–धीरे मेरे अन्दर की हीनता का बोध भी ख़त्म होने लगा। मेरे कक्षा के कई लड़के अब मेरे मित्र

बन गये थे। यह मित्रता आज भी क़ायम है। उन तीन वर्षों में मैंने विद्यालय के लिए 'चेतना' नामक एक पत्रिका का हस्तलेखन व सम्पादन किया। इससे मेरी लिखाई में भी ज़बर्दस्त सुधार हुआ। पत्रिका के आवरण बनाने के कारण मेरी चित्रकला में भी सुधार आया।

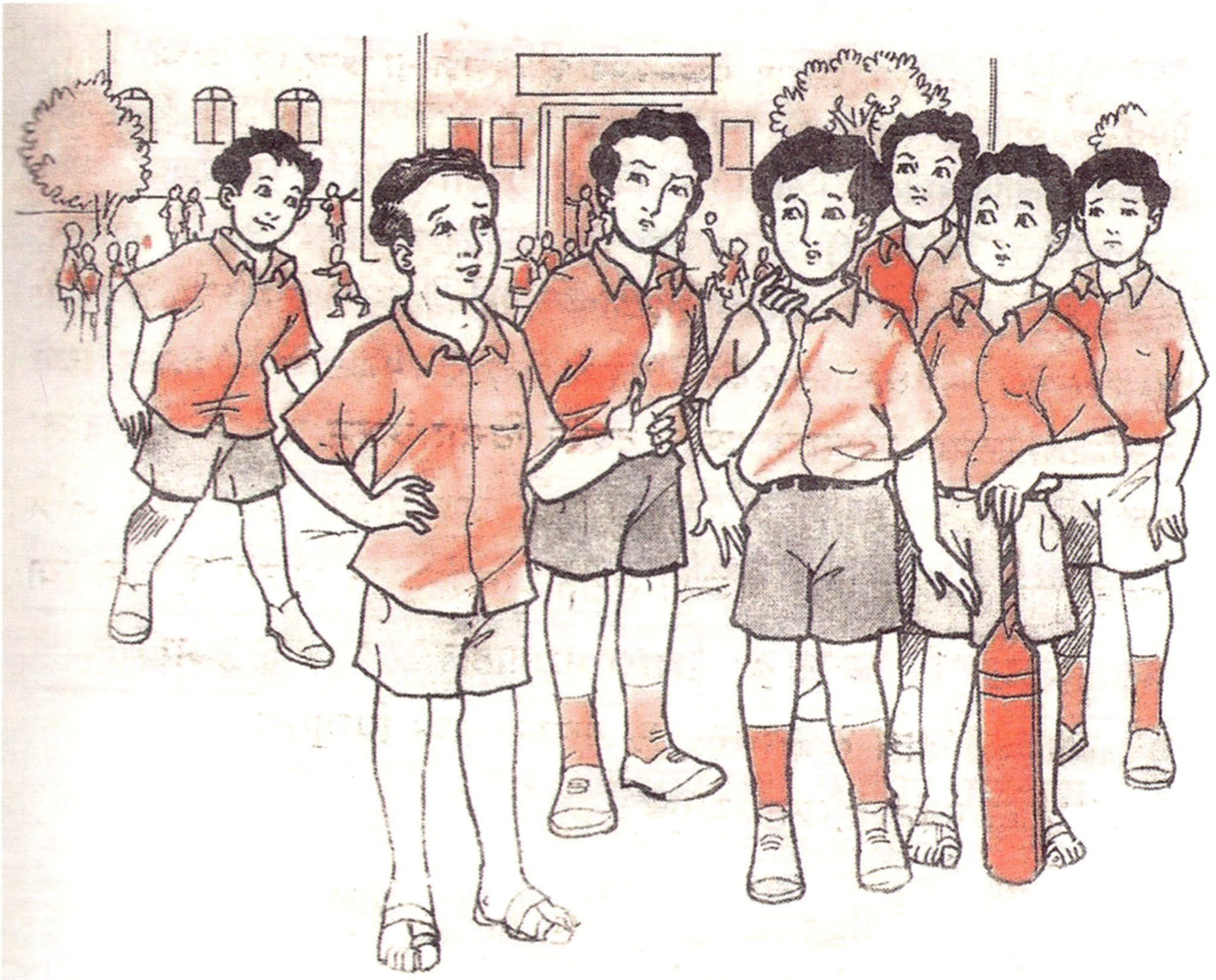

शुरू से लेकर अन्त तक पत्रिका के सभी अंक आज भी मेरे पास हैं। पत्रिका को पढ़ने वाले मेरे अध्यापकों के विचार पढ़कर लगता है कि उस पत्रिका ने मेरे विकास में कितना योगदान दिया।

नमक की खोज

अंजली अत्रे : अंजली अत्रे मराठी बाल–साहित्य में महत्त्वपूर्ण हस्ताक्षर हैं। इनकी रचनाएँ अक्सर ही 'किशोर,' 'अथश्री,' 'रानवारा' आदि मासिक बाल पत्रिकाओं में पढ़ने को मिलती हैं। 'आणि टिंकू शहाणा झाला', 'मिठाचा शोध', 'मीनूची गोष्ट,' अंजली अत्रे के महत्त्वपूर्ण कहानी संग्रह हैं।

अंजली अत्रे द्वारा रचित यह काल्पनिक कहानी नमक के आविष्कार को बड़े ही रोचक ढंग से बाल पाठकों के सामने प्रस्तुत करती है। कहानी में जानकारी के साथ हास्य व विनोद सहज ही आ गया है।

कहानी पुरानी है। बहुत पुरानी। इतनी पुरानी कि उस समय आदमी गुफाओं में रहता था। कन्दमूल खाकर वह अपना पेट भरता था। अपने भोजन के लिए वह जानवरों के शिकार पर निर्भर था। अन्न को पकाकर या भूनकर खाने की जानकारी उसे अभी नहीं थी। इतना ही नहीं, उसका कन्दमूल का भोजन बिना नमक का होता था। आज हम लगभग सभी खाद्य पदार्थों को नमक के साथ खाते हैं। परन्तु उन दिनों नमक–किसी वस्तु का नाम है, इस बात से भी मानव अनभिज्ञ था।

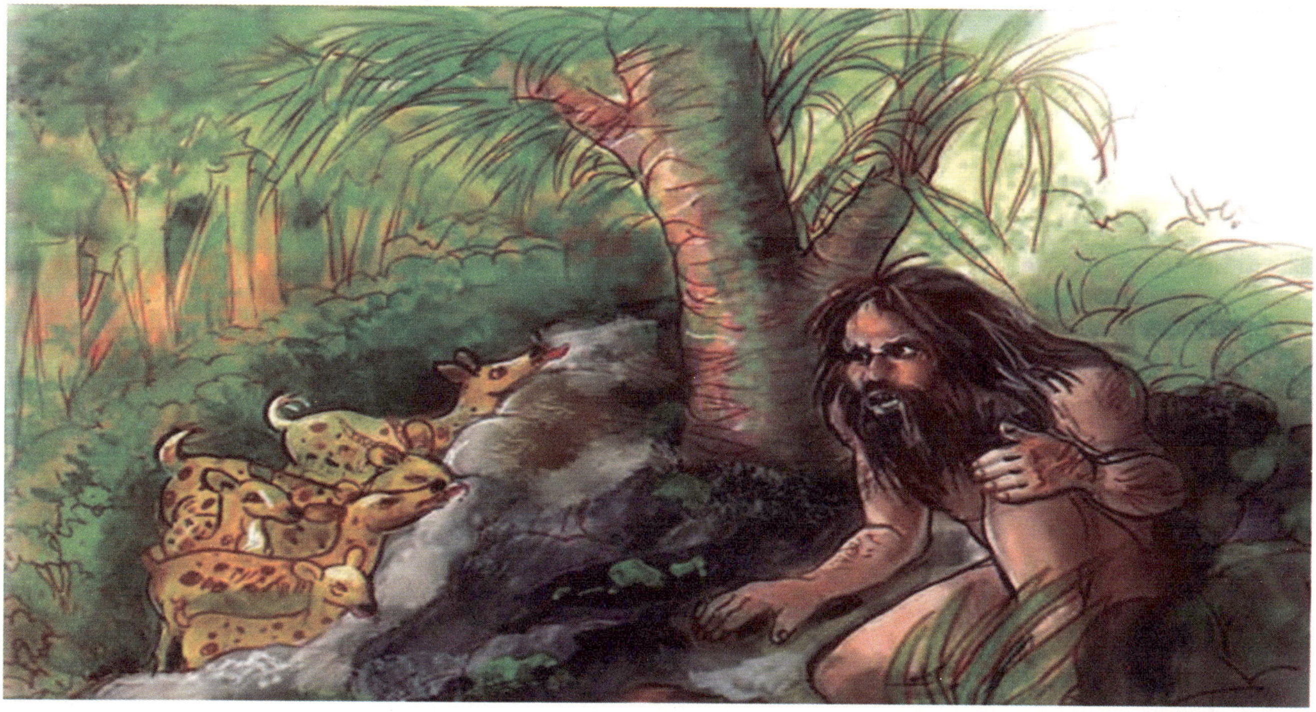

एक दिन जंगल में भटकते–भटकते आदिमानव ने पेड़ के नीचे एक ख़ास जगह पर, कुछ हिरणों को एक चट्टान चाटते देखा। काफ़ी दिनों तक लगातार हिरणों द्वारा इस गतिविधि को दोहराते देख आदिमानव हैरान था। उसे अत्यधिक आश्चर्य हुआ। उसके मन में कौतूहल जाग गया। ''यहाँ क्या हो सकता है? आख़िर क्यों ये हिरण प्रति दिन इस चट्टान को चाटते हैं? क्या मैं भी इसे चाटकर देखूँ?''

मन में हुई शंका के समाधान हेतु उसने तुरन्त चट्टान को चाटकर देखा। यह क्या! एक अलग, परन्तु मज़ेदार स्वाद उसकी जिह्वा पर फैलने लगा। उसे स्वाद भा गया। अब वह प्रत्येक दिन चट्टान को चाटने लगा। वह कैसी चट्टान थी, क्या आपको मालूम है? वह वास्तव में नमक नामक खनिज की चट्टान थी। वह खनिज जिसे हम 'सेंधा नमक' के नाम से भी जानते हैं।

तत्पश्चात उसे एक युक्ति सूझी। उसने उस चट्टान के टुकड़े किये और उन टुकड़ों को लाकर उसने अपनी गुफा में रख दिया। अब वह कन्दमूल खाते समय हर बार उन्हें चाटने लगा। उसे भोजन करने में अब ख़ूब आनन्द आने लगा। इस प्रकार काफ़ी दिन गुज़र गये और एक दिन नमक के टुकड़े समाप्त हो गये। अब वह एक बार पुनः पुरानी जगह से वैसे ही टुकड़े लेकर आया। परन्तु उनमें पहले जैसा स्वाद नहीं था। एक बार फिर उसे बेस्वाद भोजन करने को विवश होना पड़ा।

एक बार नमक का स्वाद चखने के बाद उसे मन की शान्ति कहाँ। उसने उसी प्रकार की चट्टान खोजने की काफ़ी कोशिश की परन्तु उसे सफलता नहीं मिली। अब क्या किया जाये। यह विचार करते–करते वह जंगल की अन्तिम परिधि तक पहुँच गया।

उसने वहाँ एक ख़ास प्रकार की मिट्टी देखी। दूर तक फैली इस मिट्टी के पश्चात जल ही जल दिखाई दे रहा था जहाँ तक जाना सम्भव नहीं था। उसे एक बार फिर आश्चर्य हुआ। दूर तक फैला वह जल अथाह समुद्र था और वह ख़ास तरह की मिट्टी रेत से भरा समुद्र का किनारा था। आदिमानव ने यह सब पहली बार देखा था।

वह चलते–चलते समुद्र के पानी में उतरा। आश्चर्य ही आश्चर्य! समुद्र का वह जल उसके हाथ–पैर को असहज करने लगा। पता है ऐसा क्यों हुआ? क्योंकि आदिमानव के हाथ और पैरों पर खरोंचें थीं। जंगल के काँटों और पत्थरों के कारण उसके शरीर पर ज़ख्म थे। इसी कारण समुद्र का नमकीन पानी उसकी त्वचा को चुभ रहा था। आश्चर्य की बात थी कि नदी के पानी में उसे कभी ऐसा अनुभव नहीं हुआ। उसने एक बार फिर इस घटना पर विचार करना शुरू किया। उसने थोड़ा पानी पीकर देखा–एक और आश्चर्य! उसे स्वाद जाना–पहचाना लगा। उसे सुखद अनुभव हुआ। खनिज चट्टान व इस पानी का स्वाद बिलकुल एक जैसा था।

तत्पश्चात उसे ख़याल आया—क्यों न भोजन के साथ—साथ इस पानी को पिया जाये? परन्तु उसे वह स्वादिष्ट नहीं लगा। अब क्या किया जाये? वह पुनः विचार करने लगा। उसे एक नयी तरक़ीब सूझी। उसने समुद्र किनारे से हटकर थोड़ा दूर एक लम्बा गड्ढा खोदा और उसमें समुद्र का पानी भर दिया। धीरे—धीरे वाष्पीकरण द्वारा पानी हवा में उड़ गया और उस पानी से बचे हुए पदार्थ को वह अब खाने लगा। इसी पदार्थ को हम नमक के नाम से जानते हैं।

डॉ. बाबासाहब अम्बेडकर का ग्रन्थ प्रेम

यदुनाथ दत्तात्रय थत्ते (जन्म 1922—मृत्यु 1998) : यदुनाथ थत्ते ने कई विधाओं जैसे सम्पादन, पत्रकारिता, चरित्र—लेखन व मराठी बाल—साहित्य में महत्त्वपूर्ण योगदान दिया है। 'विनोबा भावे' 'आपला मान आपला अभिमान' व 'साने गुरुजी' आदि इनकी लोकप्रिय रचनाएँ हैं।

प्रस्तुत जीवनी भारतीय संविधान के निर्माता व समाजसुधारक डॉ. बाबासाहब अम्बेडकर के जीवन से प्रेरित है। एक प्रसंग के माध्यम से बाबासाहब अम्बेडकर के ग्रन्थ प्रेम को दिखाया गया है। पुस्तकों के प्रति उनका अपार प्रेम युवा वर्ग के लिये किसी प्रेरणा से कम नहीं।

बाबासाहब अम्बेडकर के बारे में सोचते हुए सहज ही एकलव्य की याद आ जाती है। गुरु द्रोणाचार्य द्वारा विद्या देने से इनकार करने के बाद भी एकलव्य ने मिट्टी का द्रोणाचार्य बना उसी को गुरु मानकर अपनी धनुर्विद्या जारी रखी। अपनी मेहनत व परिश्रम से एकलव्य एक सर्वश्रेष्ठ धनुर्धारी बना।

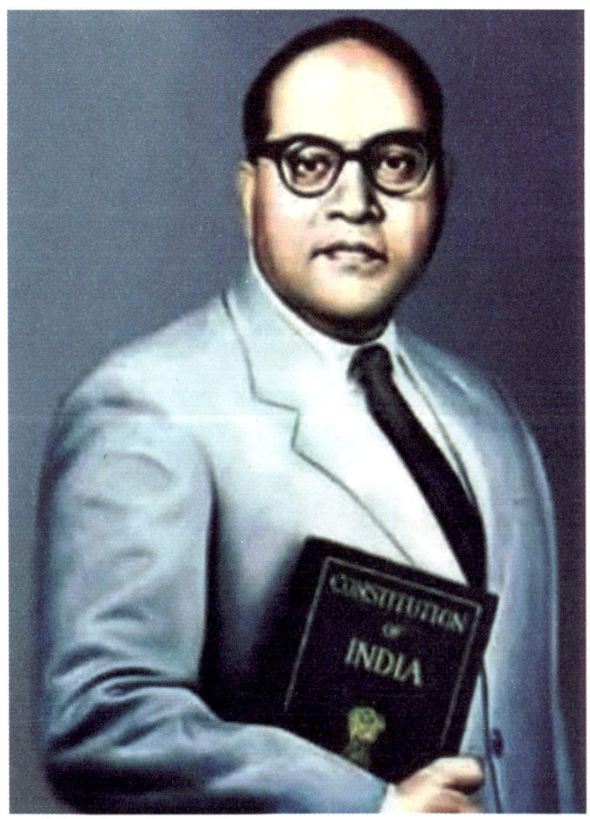

ग्रन्थ भी ऐसे ही गुरु होते हैं। विदेश पढ़ने गये बाबासाहब पैसों के अभाव में अधिक से अधिक समय ग्रन्थालय में ही रहकर पढ़ाई करते थे। भोजन करने के समय को भी बचाने के चक्कर में वे ग्रन्थपाल की नज़रों से स्वयं को बचाकर ब्रेड के टुकड़े कर चुपचाप खा लेते थे।

एक बार ग्रन्थपाल ने उन्हें पकड़ लिया। उन्होंने उनको अपने पास बुलाकर कहा, "महाशय, ग्रन्थालय में कुछ भी खाना मना है। क्या इसकी सूचना आपको नहीं है? क्या आपको दीवार पर लिखा वह नोटिस भी नहीं दिखता?"

बाबासाहब बोले, "नियम तो मुझे पता है, परन्तु मैं क्या करूँ? पुस्तक ख़रीदने के पैसे मेरे पास नहीं हैं। इसलिए जितने समय ग्रन्थालय खुला

रहता है उतने समय, एक क्षण भी बर्बाद किये बिना पढ़ने की कोशिश करता हूँ। भूख लगने पर पढ़ते–पढ़ते ही थोड़ा खा लेता हूँ।''

ग्रन्थपाल ने कहा, ''नियम जानते हुए भी आपने उसको तोड़ा है। आपको इसकी सज़ा मिलेगी।''

बाबासाहब ने कहा, ''आप मुझे मेरे अपराध के लिए क्षमा करें। आगे से मैं कभी ऐसी उद्दण्डता नहीं करूँगा।''

ग्रन्थपाल ने कहा, ''नियम जानकर भी उसे तोड़ने वालों को माफ़ नहीं किया जा सकता, समझे?''

बाबासाहब ने कहा, ''ग्रन्थालय से बाहर निकालने के अलावा मुझे आपकी हर सज़ा मंजूर है।''

ग्रन्थपाल ने कहा, ''तुम वचन दे रहे हो। बाद में उसे तोड़ोगे तो नहीं?''

बाबासाहब बोले, ''दिये हुए वचन को ही तोड़ दिया तो पढ़ने का क्या फ़ायदा? स्वयं के शब्दों की अहमियत नहीं समझी तो वे निरर्थक हो जाते हैं।''

ग्रन्थपाल ने कहा, ''महोदय, अब आप सज़ा सुनिए। कल से आप मेरे साथ भोजन करेंगे। कल से मैं घर से दो व्यक्तियों का भोजन लाऊँगा।''

बाबासाहब की आँखें भर आयीं। उन्होंने कहा, ''प्रेम से भरी ऐसी सज़ा को भला कौन नकारेगा?''

पुस्तकें भी हमारे लिए एक प्रकार की गुरु ही होती हैं। निर्जीव दिखती इन पुस्तकों से हमें एकलव्य की तरह ज्ञान प्राप्त होता है। पुस्तकें हमारे लिए कभी न दूर होने वाले गुरु की भाँति होती हैं। बाबासाहब की पुस्तकों पर अपार निष्ठा थी। पुस्तकों के सामने बाक़ी सब चीज़ें उन्हें तुच्छ लगती थीं। सार्वजनिक जीवन की अत्यन्त व्यस्तता के बावजूद पुस्तकों को ख़रीदने व पढ़ने का उनका शौक़ आजीवन जारी रहा। दादर की हिन्दू कॉलोनी में उनका 'राजगृह' नाम का घर है। उसे घर कहने की अपेक्षा ग्रन्थभण्डार कहना ज़्यादा उचित होगा।

महात्मा जोतीराव फुले

लेखक : स.सो. लाड

लेखक, विचारवन्त व समाजसुधारक महात्मा जोतीबा फुले जीवनभर पिछड़ों, दबे–कुचलों व स्त्रियों के विकास के लिए कार्य करते रहे। जातिवाद की बेड़ियों में जकड़े समाज को उन्होंने तार्किक रूप से दिशा दिखायी। पुस्तक में उद्धृत जीवनी महात्मा फुले के जीवन से जुड़े एक प्रसंग को रेखांकित करती है। इस प्रसंग में दो हत्यारों को उनकी हत्या करने के लिए भेजा जाता है। किन्तु जोतीबा फुले अपनी तार्किक बुद्धि से हत्यारों का हृदय परिवर्तन कर देते है। उनकी हत्या करने आये हत्यारे पाठ के अन्त में उनके भक्त बन जाते हैं।

विद्येविना मती गेली। मतीविना नीती गेली।
नीतीविना गती गेली। गतीविना वित्त गेले।
वित्तविना शूद्र खचले। इतके अनर्थ एका अविद्येने केले।

कहानी लगभग डेढ़–सौ वर्ष पुरानी है। हमारे समाज में उस समय सभी को एक समान नहीं समझा जाता था। ग़रीब–अमीर, छूत–अछूत, स्त्री–पुरुष आदि में भेदभाव किया जाता था। ऐसे समय में जोतीबा ने पुणे में बालिकाओं के लिए पहला विद्यालय खोला। अछूतों को स्वयं के घर में प्रवेश दिया। उनके लिए रात्रि पाठशाला शुरू की। सभी के जीवन का अन्धकार मिटाने हेतु उन्होंने प्रयत्न शुरू किये। कुछ लोगों को यह सहन नहीं हुआ। उन्होंने जोतीबा को अनेक प्रकार से नुक़सान पहुँचाने की कोशिश की।

एक बार की बात है। मध्यरात्रि का सन्नाटा था। चारों ओर अन्धकार फैला हुआ था। उसी समय दो व्यक्ति जोतीबा के घर में घुस आये। उनके हाथों में नंगी तलवारें थीं। उनकी आहट सुनकर जोतीबा की आँख खुल गयी। अपनी जगह पर बैठे–बैठे उन्होंने पूछा, ''कौन है?'' यह पूछते हुए उन्होंने लालटेन की रोशनी को बढ़ाया तो देखा कि दो हट्टे–कट्टे व्यक्ति उनके सामने तलवार लेकर खड़े हैं। उनको देखकर कुछ पल के लिए जोतीबा झिझक गये। तभी उनके कानों को कुछ शब्द सुनाई दिये, ''हम आपको मारने आये हैं।'' पर जोतीबा घबराये नहीं। उन्होंने उल्टा एक सवाल उन व्यक्तियों से किया, ''परन्तु तुम लोग मुझे मारने क्यों आये हो? आख़िर मैंने तुम लोगों का क्या बिगाड़ा है?''

क़ातिलों के पास उनके इस प्रश्न का कोई जवाब नहीं था। वे घबरा गये। वे एक–दूसरे का मुँह ताकने लगे। तभी उनमें से एक बोला, ''वैसे देखा जाये तो आपने हमारा कुछ भी नहीं बिगाड़ा है।''

''तो तुम किसलिए मुझे जान से मारना चाहते हो?''

कोई विकल्प न मिलने के कारण क़ातिलों ने उत्तर दिया, ''कुछ लोगों ने हमें आपको जान से मारने को कहा है इसलिए हम आये हैं।''

जोतीबा ने शान्त होकर पूछा, ''पर मुझे मारने से तुमको क्या मिलेगा? इससे तुम्हारा भला क्या फ़ायदा?''

उनमें से एक बोला, ''हम लोगों को एक–एक हज़ार रुपये मिलेंगे।''

यह सुनकर जोतीबा ने कुछ पल विचार किया और वे बोले, ''मित्रो! अगर मेरे मरने से तुम्हें कोई ऐसा लाभ होता है तो मुझे बेफ़िक्र होकर मार दो। जिन ग़रीब लोगों के लिए मैं आज तक संघर्ष करता आया हूँ, उन्हीं लोगों के हाथों मरने में मुझे ख़ुशी होगी। मेरा पूरा जीवन केवल आप लोगों के लिए ही है।'' अपनी बात कहते–कहते उन्होंने गर्दन क़ातिलों के सामने झुका दी।

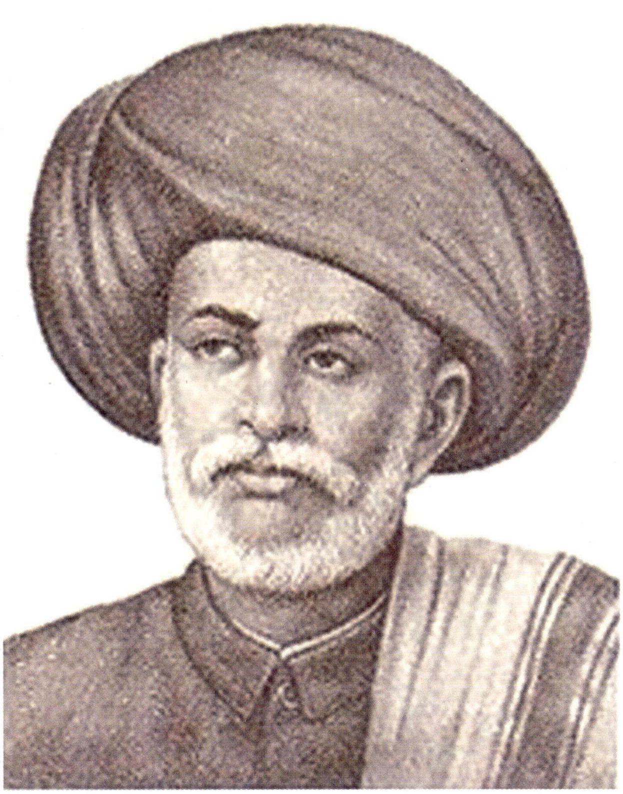

क़ातिल हड़बड़ा गये। उनका हृदय परिवर्तन हो गया। जोतीबा के धैर्य को देखकर तलवार उनके हाथ से छूट गयी। क़ातिल अब होश में आ गये थे। उन्हें अपनी ग़लती का ज्ञान हो गया। वे दोनों जोतीबा के चरणों में गिर पड़े और बोले, ''तात्या साहेब हमें माफ़ कीजिए।''

जोतीबा एक सच्चे महात्मा थे। वे बोले, ''देखिए यहाँ जो भी घटित हुआ उसे भूल जाइए। और इतना ही नहीं जिन लोगों ने आपको मुझे मारने के लिए भेजा है, उनका नाम भी सदा गोपनीय रखिए। अरे उन्हें क्या पता हम किस समाज की भलाई के लिए लड़ रहे हैं?''

उन दो हत्यारों का नाम था रोड़े व धोंडीराम नामदेव कुंभार। आगे चलकर वे जोतीबा के भक्त बन गये। दोनों जोतीबा की रात्रि पाठशाला में भी दाख़िल हो गये। जहाँ एक ओर रोड़े जोतीबा के 'बॉडीगार्ड' बने वहीं धोंडीराम पढ़–लिखकर बड़े पण्डित बने।

सावित्रीबाई फुले

लेखक : अनामिक

भारत की पहली महिला शिक्षिका सावित्रीबाई फुले की यह लघु जीवनी स्त्री शिक्षा के लिए दिये गये उनके अमूल्य योगदान की याद दिलाती है। अपने पति समाज सुधारक जोतीबा फुले के साथ कन्धे से कन्धा मिलाकर चलने वाली सावित्रीबाई फुले निडर होकर 19वीं सदी के महाराष्ट्र में क्रान्ति का बिगुल फूँकती हैं। प्रस्तुत पाठ के माध्यम से लेखक ने सावित्रीबाई द्वारा झेली गयी मानसिक व शारीरिक प्रताड़नाओं का भी ज़िक्र किया है।

यह कहानी लगभग डेढ़ सौ वर्ष पुरानी है। पुणे के बुधवार पेठ से भिड़ेवाड़ा की तरफ़ एक तरुण स्त्री जल्दी–जल्दी जा रही थी। रास्ते में कई लोग पहले से ही उसका इन्तज़ार कर रहे थे। उसे देखकर वे लोग वाहियात ढंग से हँसने लगे। भद्दी–भद्दी बातें कहने लगे। इसी बीच भीड़ का फ़ायदा उठाकर कुछ लोग उस पर गोबर व पत्थर फेंकने लगे। परन्तु वह नौजवान महिला ख़ूब साहसी थी। बिना घबराये, शान्ति से उसने कहा, "आप मुझे कितना भी अपमानित कीजिए, परन्तु हाथ में लिए इस काम को मैं छोड़ने वाली नहीं हूँ।"

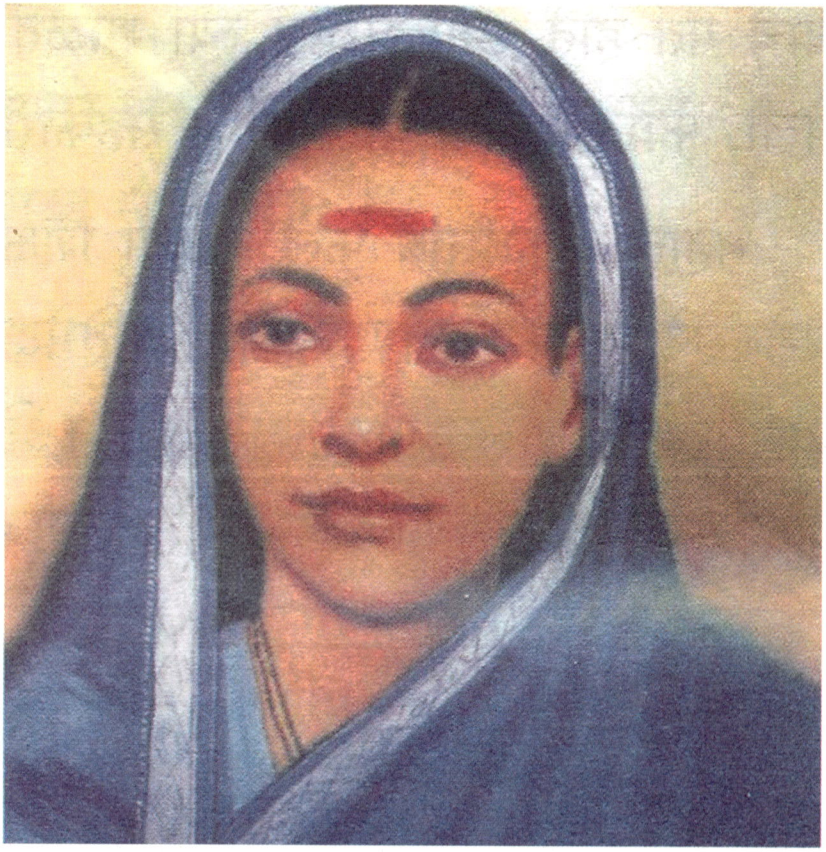

आख़िरकार कौन थी यह साहसी महिला? और उसने कौन–सा काम हाथ में लिया था?

इसी निर्भीक व साहसी महिला को भारतवर्ष की प्रथम महिला शिक्षिका के नाम से भी जाना

जाता है। उनका नाम था सावित्रीबाई फुले। उनके समय में स्त्रियों के लिए विद्या हासिल करना वर्जित था। "लड़कियों को क्यों पढ़ाना है? लड़कियाँ पढ़कर क्या करेंगी?" लोगों का ऐसा नकारात्मक मत था। ऐसे विरोधी माहौल में महिलाओं और बालिकाओं को शिक्षित करने हेतु सावित्रीबाई फुले ने साहसी क़दम उठाया। उस समय के रूढ़िवादी लोगों को यह सहन नहीं हुआ और उन्होंने उन्हें बेहद परेशान करना शुरू कर दिया।

जिस समय स्त्रियों को पढ़ने–पढ़ाने की बिलकुल पाबन्दी थी, सावित्रीबाई का शिक्षित होना किसी चमत्कार से कम नहीं था। आख़िरकार, सावित्रीबाई शिक्षिका किस प्रकार बन पायीं? दरअसल, महात्मा जोतीराव फुले सावित्रीबाई के पति थे। उन्होंने ही उन्हें लिखना व पढ़ना सिखाया था। उन्हें पढ़ने का शौक़ लगा तो वे सुन्दर कविताएँ लिखने लगीं और साथ ही भाषण भी। महात्मा जोतीराव फुले की प्रेरणा और स्वयं की मेहनत व लगन से वे शिक्षिका बनीं।

महात्मा फुले का कहना था कि, ''शिक्षा प्राप्त करने पर ही ज्ञान की प्राप्ति होती है। तत्पश्चात मनुष्य विचार करने लगता है और स्वयं की स्थिति बदल सकता है।''

वहीं दूसरी ओर सावित्रीबाई का मानना था कि केवल शिक्षा के माध्यम से ही मनुष्य पशुत्व को छोड़कर मानवता की तरफ़ जा सकता है।

उन्हीं दिनों महात्मा फुले ने पुणे के बुधवार पेठ के भिड़ेवाड़ा में लड़कियों के लिए पहला विद्यालय खोला। दोनों ही पति–पत्नी यह मानते थे कि केवल लड़कियों को पढ़ाने से ही समाज की प्रगति सम्भव है। जब सावित्रीबाई महात्मा फुले की पाठशाला में जाने लगीं तो धीरे–धीरे वहाँ बालिकाओं की संख्या बढ़ने लगी। फातिमा शेख नामक एक अन्य महिला सावित्रीबाई फुले की सहशिक्षिका थीं।

महात्मा जोतीराव फुले के समाज कल्याण के कार्यों में सावित्रीबाई ने कन्धे से कन्धा मिलाकर कार्य किया। उन्होंने कभी भी जाति प्रथा को नहीं माना। अपने घर के कुएँ का पानी उन्होंने समाज के सभी वर्गों और जातियों के लिए खोल दिया। उन्होंने अनाथ बच्चों को माँ का प्यार दिया। महात्मा फुले के निधन के बाद भी सावित्रीबाई फुले ने समाज कल्याण का काम निरन्तर जारी रखा।

स्वच्छता के प्रसारक सन्त गाडगे बाबा

वामन कृष्ण चोरघड़े (जन्म 1914–मृत्यु 1995) : महात्मा गाँधी जी के अनुयायी वामन चोरघड़े लम्बे समय तक अध्यापन कार्य से जुड़े रहे। 'सुषमा', प्रस्थान', 'पाय बेला', 'नागबेल' आदि इनके महत्त्वपूर्ण कहानी संग्रह हैं।

हमारे समाज को सुधारने व बदलने में जिन महापुरुषों ने महत्त्वपूर्ण योगदान दिया है उनमें से एक नाम है सन्त गाडगे बाबा। 'स्वच्छ भारत' का पहला नारा अगर किसी ने दिया था तो वे सही मायने में गाडगे बाबा ही थे। सदैव सामाजिक न्याय की वकालत करने वाले गाडगे बाबा का अतुलनीय योगदान इस जीवनी के माध्यम से दर्शाया गया है।

सन्त गाडगे महाराज का जन्म वर्हाड के शेंडगाँव में एक ग़रीब परिवार में हुआ। माता–पिता प्यार से उन्हें डेबू कहते थे।

बचपन में ही डेबू के पिता का देहान्त हो गया। परिणामस्वरूप डेबू की माँ उन्हें लेकर ननिहाल चली गयीं। डेबू अपने मामा के खेतों में मेहनत करने लगे। सभी कार्य डेबू हमेशा लगन से करते थे। उनका काम हमेशा साफ़–सुथरा होता था। जो भी काम वे करते उसे सदैव साफ़ व सुन्दर ढंग से करते। इतना ही नहीं, दूसरों के दुख–दर्द को देखकर डेबू का मन विचलित हो जाता था। समाज में व्याप्त बुराइयों को देखकर उनके मन में रोष की अनुभूति होती। जैसे कि व्यसन के कारण क़र्ज़ में डूबना, ऋण लेकर त्योहार मनाना और बीमार पड़ जाने पर दवाई लेने की बजाय ईश्वर की मन्नतें करना। अपने कष्टों के निवारण के लिए मुर्गी–बकरी की बलि देना। डेबू को यह सब बिलकुल पसन्द नहीं था। दूसरों की भलाई व कल्याण के लिए हमेशा जी–तोड़ मेहनत करने के बाद भी लोगों का रुख डेबू को परेशान करता था। लोग उनकी बातों पर ध्यान नहीं देते थे। डेबू अर्थात गाडगे महाराज ने इस बात का निश्चय किया कि वे स्वयं अपना आचरण इतना अधिक ऊपर उठायेंगे कि लोग ज़रूर उनकी बात सुनेंगे।

केवल उनतीस वर्ष की उम्र में गाडगे बाबा ने सगे–सम्बन्धियों व परिवार का त्याग कर दिया। सभी मनुष्य मेरे सगे–सम्बन्धी हैं और सारा विश्व ही मेरा घर है, यह सोचकर वे जीवन

में आगे बढ़ने लगे। गाँव–गाँव में भजन–कीर्तन करते हुए समाज में व्याप्त बुराइयों के प्रति लोगों को जाग्रत करने लगे।

आख़िरकार बाबा दिखते कैसे थे? सिर पर चाँदी से चमकते सफ़ेद बाल, चमकदार आँखें, गोरे रंग के धनी बाबा अक्सर ही फटी किन्तु साफ़–सुथरी कमीज़ पहने दिखाई देते थे। बलिष्ठ शरीर और उसे ढँकने के लिए एक लुंगी। वहीं दूसरी ओर एक पैर में कपड़े का जूता तो दूसरे पैर में कुछ नहीं। उनके हाथ सदैव नमस्कार की मुद्रा में रहते थे और अगर कोई उनके चरण–स्पर्श करने की कोशिश करता तो वे वहाँ से रफूचक्कर हो जाते। उनके हाथ में हमेशा गाडगे रहता था इसलिए लोग उन्हें गाडगे महाराज कहते थे।

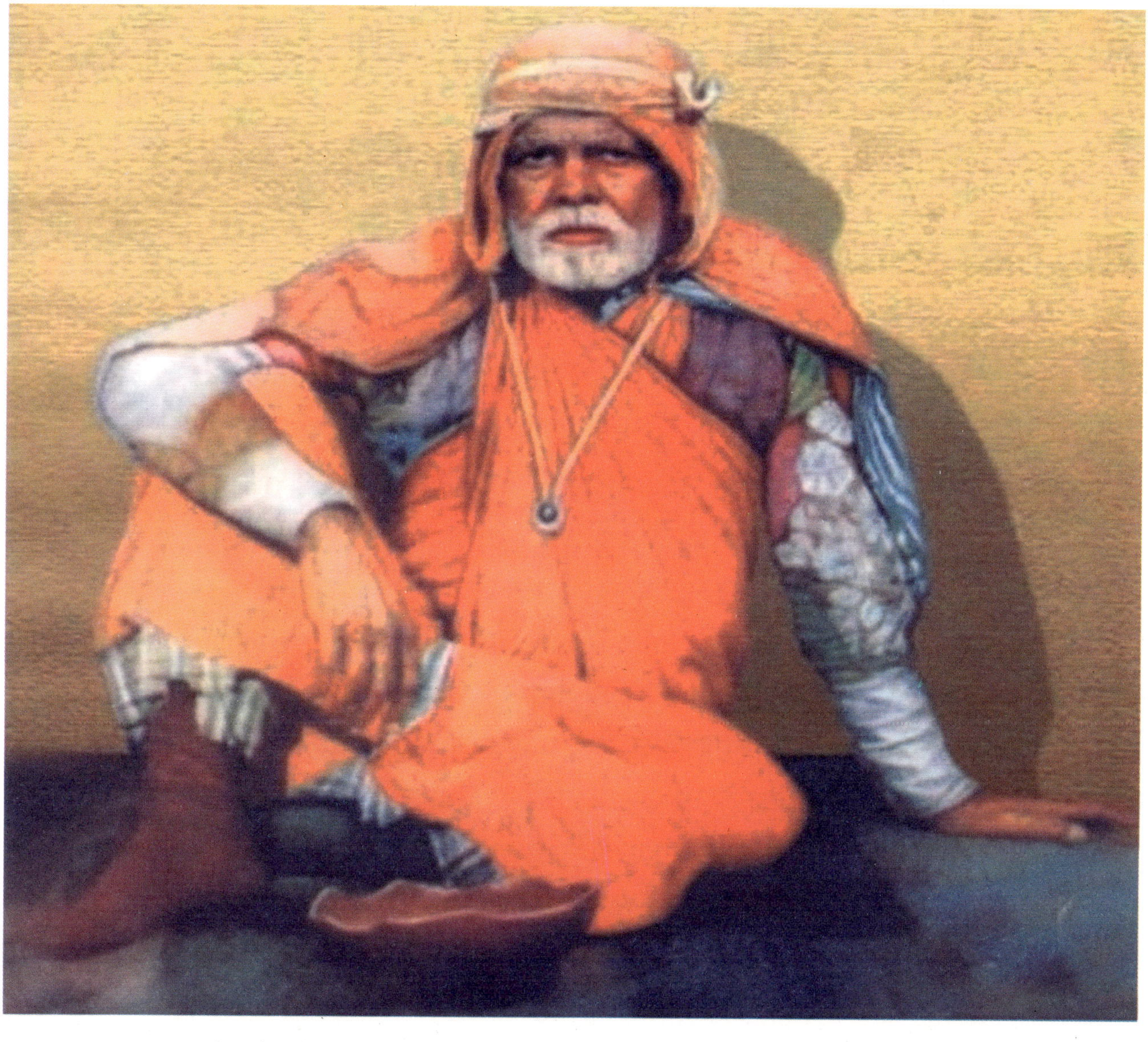

अपना घर छोड़ने के बाद उन्होंने कभी किसी के घर भोजन नहीं किया। लोग उनके गाडगे में भिक्षा स्वरूप जो भी देते वे उसी को ग्रहण करते। उन्होंने स्वयं कभी नये वस्त्रों

का उपयोग नहीं किया। फटे–पुराने कपड़े पहन लेते। सोने के लिए एक टाट की बोरी व ओढ़ने के नाम पर एक फटा–पुराना कम्बल। बाबा जीवन की चकाचौंध से हमेशा दूर ही रहे। भिक्षा माँगने गये बाबा को लोग कहते, ''अरे तुम तो हट्टे–कट्टे हो। ईंधन के लिए लकड़ियाँ तोड़ो तभी खाने को रोटी मिलेगी।'' जवाब में बाबा कहते, ''लाओ मुझे कुल्हाड़ी दो।'' और कुल्हाड़ी हाथ लगते ही फटाफट लकड़ियों के टुकड़े कर देते। पर जैसे ही मालिक रोटी लाने अन्दर जाता, बाबा कुल्हाड़ी रख ग़ायब हो जाते। वे कभी भूख–प्यास की परवाह नहीं करते थे। केवल भजन–कीर्तन व उपदेशों को ही अपने जीवन का ध्येय मानते थे।

धीरे–धीरे बाबा के कीर्तनों में लोग अब हज़ारों की संख्या में उपस्थित होने लगे। उनके चरणों को स्पर्श करने के लिए जन–सैलाब उमड़ने लगता था। किन्तु वे किसी को भी अपने पैर नहीं छूने देते थे। जैसे ही आरती समाप्त होती वे वहाँ से भाग जाते। वे अक्सर कहा करते थे, ''लोगों को सद्‌गुणों का मार्ग अपनाना चाहिए, मेरे चरण–स्पर्श करने का क्या फ़ायदा? हमें ख़ुद ही अपना उद्धार करना चाहिए। हम सब के अन्दर प्रभु हैं, हमें उसे जाग्रत करना चाहिए।'' ऐसा कहकर वे फिर एक नयी राह पर निकल पड़ते। हर राह पर वे गाँव–बस्तियों में जाकर पहले तीन वस्तुओं की माँग करते। फावड़ा, तसला व झाड़ू। वे तुरन्त गाँव की स्वच्छता में लीन हो जाते। इसी बीच अगर कोई उनके चरण–स्पर्श करने आता तो वे क्रोधित होकर कहते, ''तुम लोग स्वयं तो सफ़ाई करते नहीं हो और अगर कोई दूसरा इसे करे तो व्यवधान डालने लगते हो, मेरे सामने से हट जाओ।''

क्या तुम कभी पंढरपुर गये हो? नाशिक, देहू, आलन्दी देखा है? इनके अलावा भी अगर महाराष्ट्र के किसी भी तीर्थक्षेत्र में हम जाते हैं तो हमें बाबा द्वारा सर्वकल्याण के लिए बनायी गयी धर्मशालाएँ दिखती हैं। उन्होंने नदियों के किनारे घाट बनाये, प्याऊ के निर्माण करवाये। साथ ही ग़रीब व अपंग लोगों के लिए मुफ़्त भोजन की व्यवस्था की। छात्रों के लिए विद्यालय, महाविद्यालय व छात्रावास भी बनवाये। किसी का भी दुख दिखा नहीं कि बाबा वहाँ तुरन्त दौड़ पड़ते थे। अकाल की सूचना मिलते ही बाबा लोगों की पीड़ा वहन करने तुरन्त वहाँ पहुँच जाते। उन्होंने कभी भी जाति के बन्धन को नहीं माना। उनका देवता तो ग़रीब, अपंग व दुखी लोगों में ही निवास करता था। परेशान व दुखी लोगों की सेवा को ही वे ईश्वर की सच्ची साधना मानते थे।

राजर्षि शाहू महाराज

लेखक : गणेश राऊत

वास्तविक जीवन पर आधारित यह जीवनी मराठी समाज के लिए अर्पित राजर्षि शाहू महाराज के प्रयासों का ब्योरा देती है। अपने समय से कहीं अधिक आगे की सोचने वाले शाहू महाराज ने एक ऐसे समाज की कल्पना की जहाँ ऊँच–नीच, जाति भेद, अशिक्षा का कोई स्थान नहीं था। सामाजिक जीवन के विभिन्न क्षेत्रों में किये गये उनके योगदान को जीवनी के माध्यम से दर्शाया गया है।

राजर्षि श्री छत्रपति शाहू महाराज 2 अप्रैल, 1894 को कोल्हापुर राज्य की सत्ता पर विराजमान हुए। यह घटना आधुनिक भारत के इतिहास के लिए महत्त्वपूर्ण है। राजर्षि शाहू मूलतः घाटगे घराने से सम्बन्धित थे। वे जयसिंह उर्फ आबासाहेब व राधाबाई के पुत्र थे। शाहू महाराज का जन्म 26 जून, 1874 को हुआ था। उनका वास्तविक नाम यशवन्त राव था। अपने नाम के अनुरूप अपने कार्यों से वे सदा के लिए यशवन्त बने। 17 मार्च, 1884 को कोल्हापुर के राजघराने ने उन्हें गोद लिया। अपने व्यक्तित्व व कारनामों से उन्होंने भारतीय समाज में अपनी एक विशेष पहचान बनायी।

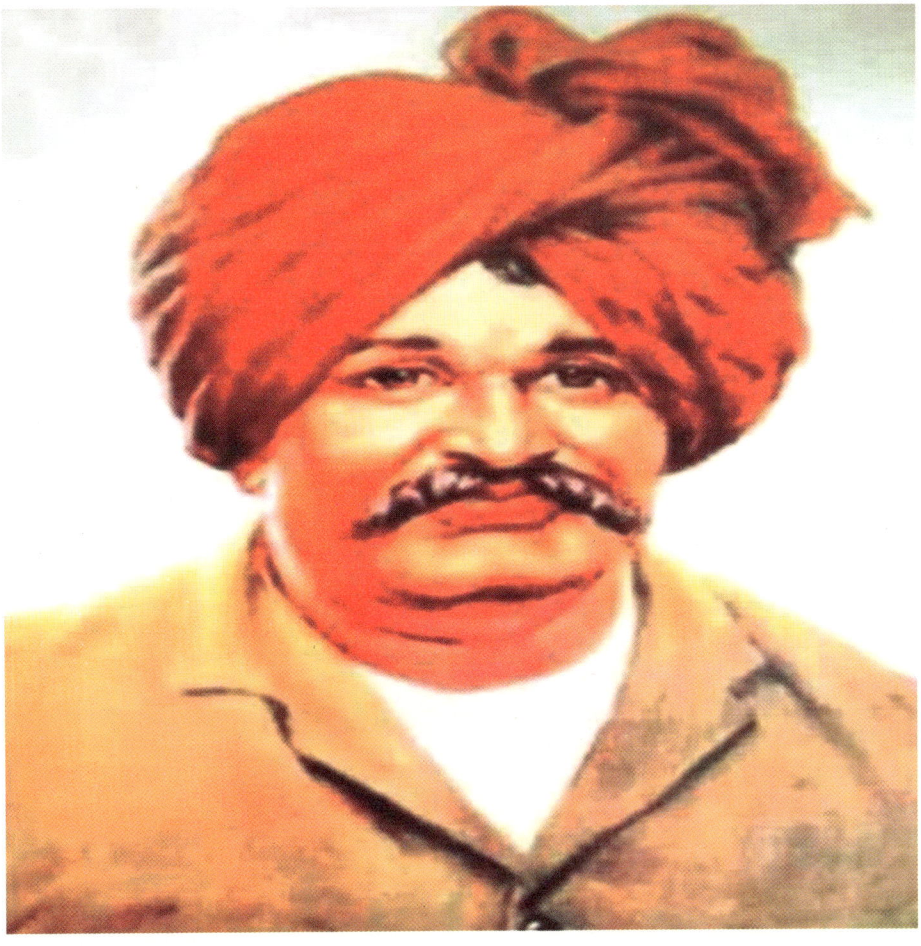

अपने राज्याभिषेक के समय छत्रपति शाहू ने इस बात का वचन दिया कि उनका राज्य हमेशा जनता के कल्याण के लिए प्रतिबद्ध रहेगा। सत्ता सँभालने के बारह दिनों के अन्दर ही उन्होंने एक सरकारी आदेश जारी किया। इस आदेश के केन्द्र में जनता की भलाई के लिये निर्णय लिए गये थे। उदाहरणतः उनके सत्ता में आने से पहले ब्रिटिश अधिकारियों और राजघराने के व्यक्तियों द्वारा शिकार खेलने के ख़र्च का भार उस निश्चित स्थान के लोगों पर पड़ता था। छत्रपति शाहू महाराज ने यह बोझ तुरन्त लोगों से हटाकर राजकोष द्वारा वहन करने का निर्णय लिया।

राजा बनने से पूर्व उन्होंने घूम–घूम कर अपने पूरे राज्य का दौरा किया था। इस भ्रमण के माध्यम से उन्होंने जनता के दुख–दर्द व परेशानियों को समझने की कोशिश की थी। एक बार उन्होंने नरसोबावाड़ी गाँव में ऐसे कुष्ठ रोगियों को देखा जिन्हें उनके समाज व घरवालों ने निकाल दिया था। ऐसे रोगियों के लिए उन्होंने 'विक्टोरिया लेपर असायलम' नामक संस्थान की स्थापना की। 1896–97 में जब उनके राज्य में भयंकर अकाल पड़ा तो उन्होंने मैसूर राज्य से अन्न मँगाकर गाँव–गाँव में अन्नधान्य की दुकान खोली। उन्होंने ऐसी स्थिति से निपटने के लिए अपने राज्य में 'अकाल निवारण विभाग' की स्थापना भी की। इसका परिणाम यह हुआ कि बॉम्बे प्रेसीडेंसी में जहाँ एक ओर लोग भूख से मर रहे थे वहीं कोल्हापुर राज्य में भुखमरी से एक भी मौत नहीं हुई।

राजर्षि महाराज अपने आरक्षण कानून के लिए जाने जाते हैं। धनंजय कीर द्वारा रचित राजर्षि शाहू महाराज की जीवनी में वे लिखते हैं, "इंग्लैंड के एक दौरे ने राजर्षि शाहू महाराज के मस्तिष्क पर अमिट छाप छोड़ी। ग़रीबों के लिए कल्याणकारी योजनाओं को मूर्त रूप देने की कोशिश को भी इस दौरे ने प्रभावित किया। एक नयी दुनिया देखने से उनके दृष्टिकोण में बदलाव आये। इसी नये दृष्टिकोण को अपनाने के कारण उन्हें पिछड़े व ग़रीब लोगों का मसीहा कहा जाता है।" पिछड़े व दबे–कुचले समाज के उद्धार के लिए उन्होंने सरकारी नौकरियों में पचास प्रतिशत आरक्षण का कानून बनाया।

साथ ही इस बात पर भी ज़ोर दिया कि जिन सरकारी विभागों में पिछड़ी जातियों का प्रतिनिधित्व पचास प्रतिशत से कम है वहाँ इसे तुरन्त भरने का प्रयास किया जाये। याद रहे कि यह कोई सामान्य कानून नहीं था बल्कि भारतीय समाज के एक नये युग के आरम्भ का बिगुल था। इस बात से भी इनकार नहीं किया जा सकता कि उनका यह क़दम समाज में समानता स्थापित करने का एक महत्त्वपूर्ण प्रयास था।

आरक्षण की घोषणा करते ही शाहू महाराज ने पिछड़ी जाति के छात्रों के लिए छात्रावास खोलने की पहल ही नहीं कि अपितु उसको युद्ध–स्तर पर आगे बढ़ाया। साथ ही अन्तरजातीय

विवाह को मान्यता देते हुए उसे भी प्रोत्साहित किया। इसी बीच उन्होंने विधवा पुनर्विवाह कार्यक्रम भी अपने राज्य में लागू किया। साथ ही तलाक व उत्तराधिकार के नये कानून बनाये। महिलाओं के ख़िलाफ़ होने वाले अन्यायों को भी शाहू महाराज ने संज्ञान में लिया व ऐसे अपराधों को कानून के सख़्त दायरे में ले आये।

छत्रपति शाहू का यह दृढ़ विश्वास था कि समाज में व्याप्त सामाजिक कुरीतियों से केवल शिक्षा द्वारा ही निपटा जा सकता है। इसी सोच के साथ छत्रपति शाहू महाराज ने अपने राज्य में मुफ़्त व अनिवार्य शिक्षा प्रारम्भ करायी। 10 सितम्बर, 1917 को वे इस कानून को अमल में ले आये। इस नयी शिक्षा नीति की ज़रूरत के हिसाब से उन्होंने ट्रेनिंग, पुस्तकों के निर्माण व आधारिक संरचनाओं पर ज़ोर दिया। इसका परिणाम यह हुआ कि जहाँ 1917 में केवल सत्ताईस विद्यालय थे वहीं 1921 में वे बढ़कर चार सौ बीस हो गये। साथ ही विद्यार्थियों की संख्या भी 1296 से बढ़कर 22007 हो गयी।

राजर्षि शाहू महाराज ने अनेक कार्य किये। परन्तु विद्यार्थियों, शिक्षा व आरक्षण द्वारा समाज में समानता स्थापित करने के उनके प्रयासों को सदैव याद किया जायेगा।

साने गुरुजी

यदुनाथ दत्तात्रय थत्ते (जन्म 1922–मृत्यु 1998) : यदुनाथ थत्ते ने कई विधाओं जैसे सम्पादन, पत्रकारिता, चरित्र–लेखन व मराठी बाल–साहित्य में महत्त्वपूर्ण योगदान दिया है। 'विनोबा भावे', 'आपला मान आपला अभिमान' व 'साने गुरुजी' आदि इनकी लोकप्रिय रचनाएँ हैं।

'बलसागर भारत होवो। विश्वात शोभुनी राहो।।' भारत की भूमिका को विश्वगुरु के रूप में प्रस्तुत पंक्तियों के माध्यम से उजागर करने वाले साने गुरुजी मराठी समाज में एक महत्त्वपूर्ण हस्ताक्षर हैं। उनकी जीवनी के माध्यम से लेखक ने शिक्षा के क्षेत्र में किये गये उनके सराहनीय कार्य को दर्शाया है।

साने गुरुजी का नाम लेते ही उनके द्वारा रचित 'श्यामची आई' पुस्तक की याद सहज ही आ जाती है। उनकी माँ के माध्यम से हमें अपनी स्वयं की माँ की परछाईं भी दिखाई देती है। साने गुरुजी का असली नाम पाण्डुरंग सदाशिव साने था। हालाँकि सब उन्हें प्रेम से साने गुरुजी ही पुकारते थे। वहीं उनकी माँ उन्हें पंढरी कहती थीं। 24 दिसम्बर, 1899 को

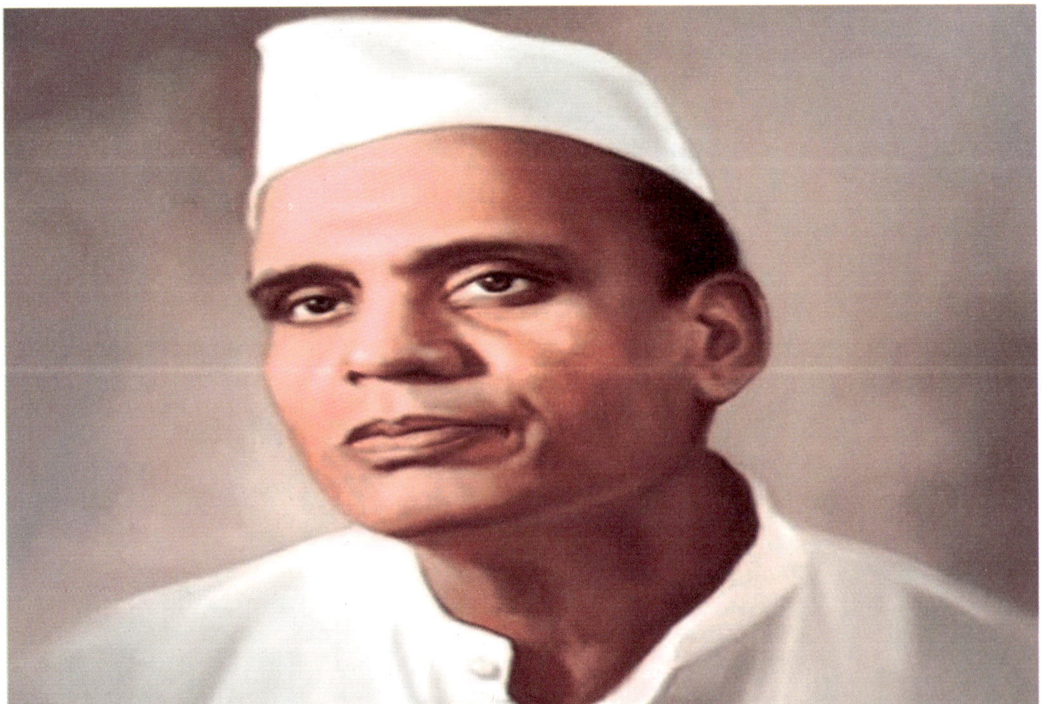

रत्नागिरी ज़िले के पालगढ़ गाँव में उनका जन्म हुआ। उनके पिता स्वदेशी आन्दोलन से जुड़े हुए थे और उन्होंने इसके कारण कारावास भी झेला था।

साने गुरुजी की माता चाहती थीं उनके बच्चे ख़ूब पढ़ें, किन्तु विद्यालय की फीस न भर पाने पर उनके बच्चों का नाम स्कूल रजिस्टर से काट दिया गया। घर पर रहते हुए भी साने गुरुजी अपनी माँ व पड़ोस की महिलाओं को आध्यात्मिक पुस्तकें पढ़कर सुनाते थे।

बाद में जब साने गुरुजी को पता चला कि औंध संस्थान के विद्यालयों में मुफ़्त भोजन व शिक्षा मिलती है तो वे वहाँ चले गये और मन लगाकर पढ़ने लगे। आगे चलकर उच्च शिक्षा हेतु वे पूना पहुँचे। पढ़ने का उन्हें अत्यन्त शौक़ था। जल्दी ही उन्होंने प्रामाणिक पुस्तकों को पढ़ डाला। इन पुस्तकों में व्याप्त आदर्शों व मूल्यों को भी उन्होंने आत्मसात किया। वे चाहते थे कि शिक्षा की समाप्ति के बाद माँ को सुख देंगे। किन्तु वे ऐसा कर पाते उससे पहले ही उनकी माँ की मृत्यु हो गयी।

एम.ए. की शिक्षा पूरी करने के बाद वे दर्शनशास्त्र को अत्यन्त गहराई से जानना चाहते थे। इसी की सिद्धि के लिए वे अमलनेर के दर्शनशास्त्र संस्थान गये। लेकिन दर्शनशास्त्र जैसे जटिल विषय में बहुत समय तक उनका मन नहीं लगा। उसे छोड़कर अब वे अमलनेर की एक पाठशाला में शिक्षक नियुक्त हो गये। साथ ही विद्यालय के छात्रावास को भी सँभालने लगे। अब वे अपना अधिक से अधिक समय बच्चों की देखभाल में व्यतीत करने लगे। बच्चों के भविष्य को सुधारने के लिए उन्होंने अनेक कार्यक्रम शुरू किये।

1932 के सत्याग्रह के दौरान उन्हें धुले के कारावास में रखा गया। वहाँ उनकी मुलाक़ात आचार्य विनोबा भावे से हुई। आचार्य भावे द्वारा गीता पर दिये उपदेशों को उन्होंने लिपिबद्ध किया। बाद में इन प्रवचनों का सभी भारतीय भाषाओं में अनुवाद हुआ। उसी दौरान पंढरपुर के विट्ठल मन्दिर को दलितों व अस्पृश्य लोगों के लिए खोलने हेतु उन्होंने अनशन किया। उनके प्रयासों को सफलता मिली और आख़िरकार विट्ठल मन्दिर में समाज के सभी लोग प्रवेश कर पाये। उनका 'पत्री' नामक काव्य–संग्रह है जिसमें भावनात्मक व प्रेरक कविताओं का संकलन है। इस संकलन की एक कविता 'खरा तो एकची धर्म, जगाला प्रेम अर्पावे' (सभी से प्रेम करना ही सच्चा धर्म है।) एक प्रार्थना के रूप में सर्वविदित है। 11 जून, 1950 को साने गुरुजी इस संसार से चल बसे। परन्तु अनेक पुस्तकों के माध्यम से वे और उनकी सांस्कृतिक विरासत आज भी हमारे पास है।

ओलम्पिकवीर : खाशाबा जाधव

संजय पांडुरंग दुधाणे (जन्म 1976) : खेल पत्रकार। 'लोकमत', 'लोकसत्ता', 'पुढारी', 'सकाल', 'षटकार' आदि मराठी के महत्त्वपूर्ण समाचार–पत्रों में खेल से सम्बन्धित निरन्तर लेखन। खाशाबा जाधव 'क्रीड़ा प्रबोधिनी' के कार्याध्यक्ष तथा 'विवेकानन्द क्रीड़ा केन्द्र' के अध्यक्ष भी रह चुके हैं।

खाशाबा जाधव ने फिनलैंड की राजधानी हेलसिंकी में आयोजित पन्द्रहवें ओलम्पिक स्पर्धा में कुश्ती वर्ग में भारत का प्रतिनिधित्व करते हुए कांस्य पदक भारत के नाम किया था। प्रस्तुत प्रसंग के माध्यम से एक सच्चे खिलाड़ी के जुझारू चरित्र व जिजीविषा को उद्घाटित किया गया है। ऐसा खिलाड़ी जो विपरीत परिस्थितियों का सामना करते हुए न केवल आदर्श खेल भावना का परिचय देता है अपितु अपने देश के लिए गौरवमय क्षण को सुनिश्चित कर देता है।

देश को स्वतन्त्र हुए अभी पाँच ही वर्ष हुए थे। प्रजातन्त्र की लहर देश में विकसित हो रही थी। अंग्रेज़ों के जाने के बाद भी क्रिकेट, फुटबॉल, हॉकी आदि विदेशी खेल ही लोगों की मानसिकता पर छाये हुए थे। हालाँकि देशी खेलों में रुचि रखने वाली एक पीढ़ी भारत में मौजूद थी और महाराष्ट्र में तो कुश्ती का खेल घर–घर में लोकप्रिय था। इसी कुश्तीवार वातावरण में महाराष्ट्र के खाशाबा नामक युवा पहलवान की चर्चा चारों ओर थी। अक्सर ही पहलवानों का सम्बन्ध अधिक खाने–पीने और कुश्ती का अभ्यास करने आदि से ही जोड़ा जाता है। खाशाबा पहलवान इस प्रकार की छवि को ध्वस्त करने वाले एक अपवाद थे। जहाँ एक ओर वे राजाराम महाविद्यालय से स्नातक की पढ़ाई कर रहे थे वहीं दूसरी ओर ओलम्पिक में पदक प्राप्त करने की घोर साधना में भी लीन थे। मई 1952 की चयन स्पर्धा में खाशाबा ने आत्मविश्वास से भाग लिया। और वहाँ सभी पहलवानों को हराकर हेलसिंकी ओलम्पिक के लिए अपनी दावेदारी सुनिश्चित कर दी। अन्तरराष्ट्रीय स्तर पर हुए उनके चयन के बाद अनेक लोगों ने मदद के लिए हाथ आगे बढ़ाये। राजाराम महाविद्यालय के विद्यार्थियों ने भी अपने लाड़ले खिलाड़ी के लिए चन्दा जमा किया। खाशाबा घर–घर जाकर स्वयं भी चन्दा इकट्ठा करने लगे। छोटी–से–छोटी मदद भी सागर को भरने में बूँदों की भाँति उनके

लिए महत्त्वपूर्ण थी। हेलसिंकी के लिए निकलने से पहले कराड़ में लोगों ने उन्हें भावपूर्ण विदाई दी। उनके गुरुजनों व परिवार के बड़ों से भी उन्हें आशीर्वाद मिला।

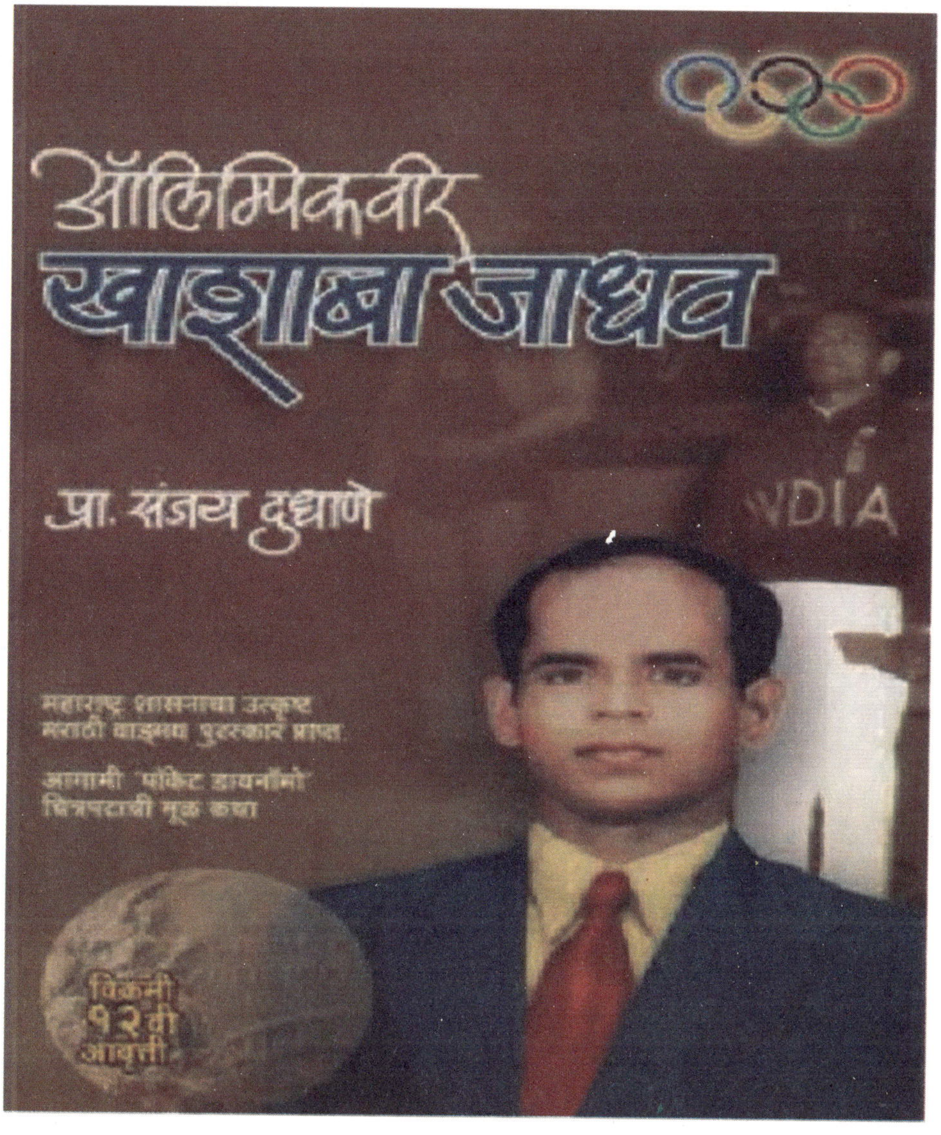

फिनलैंड की राजधानी हेलसिंकी में ओलम्पिक खेलों का यह पन्द्रहवाँ संस्करण आयोजित होने जा रहा था। इस स्पर्धा में एक–दूसरे के शत्रु देश भी आये थे। चारों ओर भव्यता का माहौल था। इस स्पर्धा में हिस्सेदारी के लिए भारतीय दल ने कलकत्ता (आज कोलकाता) से 09 जुलाई को प्रस्थान किया। भारत का कुश्ती अभियान 20 जुलाई से प्रारम्भ होना तय था।

फ्री–स्टाइल कुश्ती प्रतियोगिता में 35 देशों के खिलाड़ियों ने भाग लिया था। खाशाबा जाधव 125 पाउंड बेंटमवेट वर्ग में अपनी दावेदारी प्रस्तुत कर रहे थे। 21 जुलाई, 1952 को उनका पहला मुक़ाबला निर्धारित था। दूसरे खेलों में लगातार हार से जूझ रहे भारतीय दल को खाशाबा जाधव से पदक की उम्मीद थी।

वह 20 जुलाई का दिन था, कुश्ती मैदान में खाशाबा अपने अन्य सहयोगियों के साथ मौजूद थे। खाशाबा की कुश्ती दोपहर के सत्र में थी। सुबह के सत्र में निरंजन दास, श्रीरंग जाधव के हारने के कारण टीम में निराशा का माहौल था। दूसरी फेरी में खाशाबा की कुश्ती सायंकाल 8 बजे होनी निश्चित थी। यहाँ वे बेंटमवेट फ्री–स्टाइल वर्ग में मुक़ाबला कर रहे थे। 7:45 मिनट पर खाशाबा के नाम की घोषणा कर दी गयी। कनाडा के पॉलीक्लीन के ख़िलाफ़ ठीक आठ बजे उनका मैच शुरू हो

गया। खाशाबा अपने विरोधी को नीचे गिराने की कोशिश कर रहे थे। हर बार पॉली के गिरने के साथ ही खाशाबा को अंक मिल जाते। 6 मिनट के बाद पॉली ने आक्रामक रुख़ अपना लिया। उसने तुरन्त खाशाबा को नीचे पटक अपने लिए अंक हासिल कर लिए। मैच में काँटे की टक्कर चल रही थी। दसवें मिनट में एक बार फिर खाशाबा ने बढ़त हासिल कर ली। वे तीन–चार अंक प्राप्त कर बढ़त बना चुके थे। कुश्ती के इस खेल के ख़त्म होने में केवल एक ही मिनट शेष था। इतने में खाशाबा ने एक महत्त्वपूर्ण दाँव खेला। उसने 14वें मिनट में पॉली को चारों खाने चित कर दिया। अंपायर ने खाशाबा का हाथ उठाकर उनकी जीत की घोषणा कर दी।

अगले दिन 21 जुलाई को खाशाबा का दूसरे राउंड का मुक़ाबला था। सुबह दस बजे भारतीय संघ कुश्ती मैदान में हाज़िर हुआ। पहले सत्र के बारह बजे खाशाबा का यह नया मुक़ाबला था। मैक्सिकन पहलवान बासुर्तीला के साथ उनका यहा मुक़ाबला निश्चित था। अंपायरों ने भी भारत–मैक्सिको मैच की घोषणा कर दी। पहली कुश्ती जीतने के कारण खाशाबा का आत्मविश्वास चरम पर था। खेल के पहले ही मिनट में खाशाबा अपने प्रतिद्वन्द्वी पर हावी हो गये। उसी क्षण यह निश्चित हो गया कि इस कुश्ती में विजय केवल खाशाबा की ही होगी। और पाँचवें ही मिनट में खाशाबा ने मैच पर निर्णायक बढ़त बना ली। पाँच मिनट और दस सेकेंड में 'ढाक दाँव' का विजयी प्रयोग कर खाशाबा ने अपने प्रतिद्वन्द्वी को दिन में तारे दिखा दिये। खाशाबा की यह लगातार दूसरी जीत थी।

अगले राउंड में उन्हें दो कुश्ती लड़नी थीं और उनकी पहली कुश्ती 21 तारीख़ को रात में तय थी। इस प्रकार ओलम्पिक की तीसरी कुश्ती लड़ने के लिए खाशाबा बिलकुल तैयार थे। भाग्य ने उनका साथ दिया और तीसरे राउंड का मैच खेले बिना ही 'बाय' के साथ वे अगले राउंड में प्रवेश पा गये। चौथी कुश्ती 22 तारीख़ को थी।

अगले दिन दोपहर में उनका मैच होना था। शाम चार बजे भारत बनाम जर्मनी मैच की घोषणा कर दी गयी। जर्मनी के फर्डीनेंड श्मित्ज़ के साथ खाशाबा का मुक़ाबला होना था। इस बार प्रतिद्वन्द्वी खाशाबा से हट्टा–कट्टा व ताक़तवर दिखाई दे रहा था। यह निश्चित था कि इस मुक़ाबले को जीतने के लिए खाशाबा को अपना सर्वश्रेष्ठ प्रदर्शन करना होगा। आत्मविश्वास से लबरेज खाशाबा मैदान पर उतरे। पहले पाँच मिनट तो दोनों पहलवान खड़े–खड़े कुश्ती लड़ रहे थे। मानो एक–दूसरे को आजमा रहे हों पर सातवें मिनट से कुश्ती का असली संघर्ष शुरू हुआ। दोनों पहलवानों को निरन्तर बारी–बारी से अंक मिल रहे थे। दसवें मिनट में खाशाबा आक्रामक हो गये। उन्होंने शक्ति छोड़ युक्ति का प्रयोग करना शुरू किया और झटपट 'तकनीकी' अंक प्राप्त करने लगे।

परन्तु किसी भी खिलाड़ी के चित हुए बिना खेल के पन्द्रह मिनट निकल गये। अतः

अंपायर ने अंकों के हिसाब से खाशाबा को विजेता घोषित कर दिया। इस प्रकार लगातार चार कुश्तियों में खाशाबा ने भारत की विजय पताका फहरायीं। चार कुश्ती जीतने वाले पहलवानों को ही स्पर्धा के अन्तिम राउंड में प्रवेश मिलना था और इनमें से भी केवल तीन पहलवान ही अन्तिम राउंड के लिए पात्र पाये गये। भारत के खाशाबा जाधव, जापान के शोहाची ईशी व रूस के मामेदबेकाद रशिद।

23 जुलाई, 1952 का ऐतिहासिक दिन, आज का मुक़ाबला कितने बजे है यह जानने के लिए खाशाबा भारतीय संघ के व्यवस्थापक दीवान प्रतापचन्द के पास गये। दीवान प्रतापचन्द ने खाशाबा को यह कहकर आराम करने की सलाह दी कि आज उनके लिए छुट्टी का दिन है। यह कहकर दीवान प्रतापचन्द हेलसिंकी शहर घूमने चले गये। खाशाबा ने खेलगाँव में बने अपने कक्ष में आराम किया और बाद में आलस पर विजय प्राप्त करने के लिए उन्होंने वहाँ चल रही अन्य कुश्तियों को देखने का मन बनाया। उन्होंने ट्रैकसूट पहना और बस पकड़ कुश्ती मैदान पहुँच गये। आदत के अनुसार अपना कुश्ती किट भी वह साथ ले गये थे। जब वे पहुँचे तो कुश्ती शुरू हो चुकी थी। लेकिन जैसे ही वे प्रेक्षक गैलरी में बैठे उन्हें ध्वनि यन्त्र से सुनाई दिया–जापान के ईशी के साथ भारत के खाशाबा जाधव का मुक़ाबला होगा। यह घोषणा जब एक बार फिर दोहराई गयी तो खाशाबा संयोजकों से जाकर मिले। अपने नाम की घोषणा सुनकर खाशाबा हड़बड़ाये हुए थे। उन्होंने दो बार संयोजकों से पूछा कि क्या उनकी कुश्ती आज ही है? खाशाबा का शान्त स्वभाव यहाँ उनके काम आया। व्यवस्थापक को दोष देने की बजाय उन्होंने अपने दिमाग़ को शान्त रखा। मानसिक सन्तुलन बनाये रखते हुए उन्होंने कुश्ती के लिए तैयार होने की जानकारी आयोजकों को तत्काल दी। अगर खाशाबा को आने में थोड़ी देर और हो जाती तो उनके प्रतिद्वन्द्वी को बिना मैच खेले ही विजयी घोषित कर दिया जाता। ऐसी स्थिति में उनकी चार साल की मेहनत मिट्टी में मिल जाती। स्वप्रेरणा से वे मैदान पहुँचे थे और केवल दो मिनट में वे कुश्ती के लिए तैयार हो गये।

जापान का ईशी, खाशाबा से दो–दो हाथ करने के लिये पहले से ही तैयार था। अंपायरों ने भारत बनाम जापान कुश्ती मुक़ाबले की शुरुआत की। मैच शुरुआत से ही काफ़ी दिलचस्प व काँटे का था। खाशाबा ईशी को चित करने की कोशिश कर रहे थे तो वहीं ईशी तकनीकी अंक प्राप्त करने की फ़िराक़ में थे। सातवें मिनट में ईशी ने एक रॉलिंग फॉल्ट किया। परन्तु अंपायर का ध्यान न जाने की वजह से एक अंक खाशाबा के हाथ से निकल गया। ईशी अपने खेल में घुटनों का इस्तेमाल करने में माहिर था। उसके सारे दाँव–पेंच खाशाबा के लिए नये थे। इस प्रकार का खेल ईशी ने पूर्व के मैचों में नहीं दिखाया था। वह इस महत्त्वपूर्ण मैच में अपनी नयी तकनीकों को इस्तेमाल कर रहा था। इस दाँव के माध्यम से उसने खाशाबा को

नीचे गिराकर एक अंक प्राप्त कर लिया। पन्द्रह मिनट में कुश्ती ख़त्म हो गयी और अंपायर ने ईशी को विजयी घोषित कर दिया। केवल एक अंक की बढ़त से ईशी ने यह मैच जीता था। खाशाबा निराशा के साथ बाहर निकल ही रहे थे कि उनकी दूसरी कुश्ती की घोषणा भी हो गयी। इस बार उन्हें रूस के मामेदबेकाव के साथ लड़ना था। नियमानुसार यह कुश्ती आधे घण्टे के बाद होनी चाहिए थी। परन्तु पन्द्रह मिनट में ही दूसरी कुश्ती के लिए खाशाबा तैयार हो गये। 1952 के इस काल में कुश्ती के खेल पर रूस का वर्चस्व था। वह एक बार फिर पदकों को अपने नाम करने के लिए उत्सुक था।

तकनीकी कमेटी में रूस के पदाधिकारी थे। अपने पहलवान को फ़ायदा पहुँचाने के लिए उन्होंने थके हुए खाशाबा के साथ मैच की घोषणा की। इस पर भी वे पदाधिकारी नहीं थमे। कुश्ती के दौरान भी पहले पन्द्रह मिनट खाशाबा व मामेदबेकाव के बीच दमदार टक्कर हुई लेकिन अंक आवंटन में रूस के पहलवान को एक अंक अधिक दे दिया गया। रूस की विजय और भारत की हार–यह नतीजा अंपायर द्वारा घोषित किया गया।

आख़िरी मुक़ाबले में मामेदबेकाव जापान के ईशी से पराजित हो गया। खाशाबा के विरुद्ध हासिल जीत से उसे सिल्वर मैडल प्राप्त हुआ। अन्तिम दोनों मुक़ाबले जीतने के कारण ईशी ने स्वर्णपदक पर जापान का कब्ज़ा निश्चित कर दिया। थके हुए खाशाबा के साथ राजनीति कर रूस ने अपना उल्लू सीधा कर लिया। इस घटनाक्रम से खाशाबा को सिल्वर मैडल से वंचित होना पड़ा। आख़िर में अंपायर के निर्णय को मानकर खाशाबा ने खेल भावना का प्रदर्शन किया। उन्हें कांस्य पदक मिला। अपने खेल कौशल से खाशाबा ने सात समुन्दर पार भारत का नाम रोशन किया। उन्होंने वह कर दिखाया जो पिछले सालों में कोई भारतीय खिलाड़ी नहीं कर पाया था।

विपरीत परिस्थितियों, पदाधिकारियों के नकारात्मक रवैये व अन्यायपूर्ण वातावरण को झेलते हुए भी 23 जुलाई, 1952 को विश्व के पटल पर खाशाबा जाधव ने भारत का नाम रोशन किया। इस दिन खाशाबा दादासाहेब जाधव यानी के.डी. जाधव ने भारत के लिए एक नया व ऐतिहासिक अध्याय लिखा।

मेरा अविस्मरणीय क्षण

सुनील गावस्कर (जन्म 1949) : भारत में जन्मे दुनिया के सर्वश्रेष्ठ बल्लेबाजों में से एक। 1970 में भारत के राष्ट्रीय क्रिकेट में पदार्पण किया और 1975 में टीम के कप्तान चुने गये। सुनील गावस्कर ने बल्लेबाज़ी में अनेक नये कीर्तिमान स्थापित किये। 1977 में भारत सरकार द्वारा उन्हें 'अर्जुन अवार्ड' से नवाज़ा गया। उनके द्वारा लिखित 'सनी डेज़' एक लोकप्रिय पुस्तक है।

प्रस्तुत संस्मरण में पोर्ट ऑफ़ स्पेन टेस्ट मैच का ज़िक्र है। दाँत के दर्द की घोर पीड़ा झेलते हुए भी सुनील गावस्कर ने टेस्ट की दोनों पारियों में शतक जड़े व भारत को गौरवान्वित किया। विपरीत परिस्थितियों में संघर्ष की कहानी इस पाठ का महत्त्वपूर्ण फोकस है।

डोमिनिका का मैच समाप्त कर हम पोर्ट ऑफ़ स्पेन पहुँचे। ठीक प्रकार से सूर्य का प्रकाश होने के बावजूद यहाँ काफ़ी अधिक उमस थी। इसी वजह से हम सब पसीने से लथपथ थे। काफ़ी थक जाने के कारण मुझे प्यास लग रही थी। मौसम का हाल इतना ख़राब था कि नेट प्रैक्टिस ख़त्म होने के बाद ऐसा लगता था मानो आपने अभी–अभी उबलते हुए पानी से स्नान किया हो। क्वीन्स पार्क ओवल का ड्रेसिंग रूम नेट प्रैक्टिस के मैदान से काफ़ी दूर था। पानी के लिए इतनी दूर जाने की कल्पना मात्र से ही मैं घबरा गया। लेकिन उसी वक़्त पानी के गिलास लाते 'बाउंड्री ब्वॉय' मुझे दिख गये। कलाई में फ्रैक्चर होने के कारण अशोक इस टेस्ट मैच से बाहर हो गये थे वे भी उन बच्चों के साथ आते दिखाई दिये। उस 'जुलूस' को देखकर मुझे बड़ी प्रसन्नता हुई। हम सब उनके द्वारा लाये गये पानी पर टूट पड़े। मेरा बिलकुल सूख चुका गला तर हो गया। मुझे पानी चाहिए था। जार से पानी निकालने की प्रतीक्षा करना भी मेरे लिए मुश्किल था। मैंने अशोक को सीधे मेरे मुँह में पानी उड़ेलने के लिए कहा। मुझे सिर्फ़ ठण्डे–ठण्डे पानी को गटकना मात्र था। बात सीधी थी। परन्तु उस वक़्त का मेरा उतावलापन भारी पड़ा और उसके लिए मुझे एक बड़ी क़ीमत चुकानी पड़ी। जार के उस पानी में बर्फ़ के छोटे–छोटे टुकड़े भी थे। उनमें से एक टुकड़ा मेरे दाँत में फँस गया। मेरे इस दाँत में बहुत दिनों से एक छोटा–सा छेद था। हालाँकि उस छेद के कारण मुझे कभी भी दर्द का एहसास नहीं हुआ था। इसलिए आज तक मैंने उस पर कोई ख़ास ध्यान नहीं दिया था। परन्तु बदकिस्मती से आज बर्फ़ का एक टुकड़ा उसी छेद में अटक

गया। उस बर्फ़ के पिघलने तक मुझे इन्तज़ार करना पड़ा। परन्तु उसके तुरन्त बाद दर्द की असली शुरुआत हुई। दाँत दर्द मुझे व्यथित करने लगा। रात को भी आराम नहीं मिला। पूरी रात मैंने दर्द में काटी। एक पल भी आँख नहीं लगी। रात भर मैं दर्द से कराह रहा था। 'पेन किलर' भी लीं लेकिन कोई असर नहीं हुआ। ऊपर से दर्द और अधिक बढ़ गया। रात तो मैंने किसी तरह जागकर निकाल दी किन्तु दाँत का दर्द ज्यों का त्यों बरकरार था। उसी दर्द के साथ मुझे पाँचवें टेस्ट मैच में खेलना था। संकट कभी अकेला नहीं आता। अजित के टॉस जीतकर पहले बल्लेबाज़ी के निर्णय के कारण मेरी मुश्किलें और बढ़ गयीं। मुझे तुरन्त बल्लेबाज़ी के लिए जाना पड़ा। और क्या बताऊँ? दर्द से भरी लाल–लाल आँखों को लेकर मैं आबिद के साथ पारी की शुरुआत करने क्रीज पर चला गया।

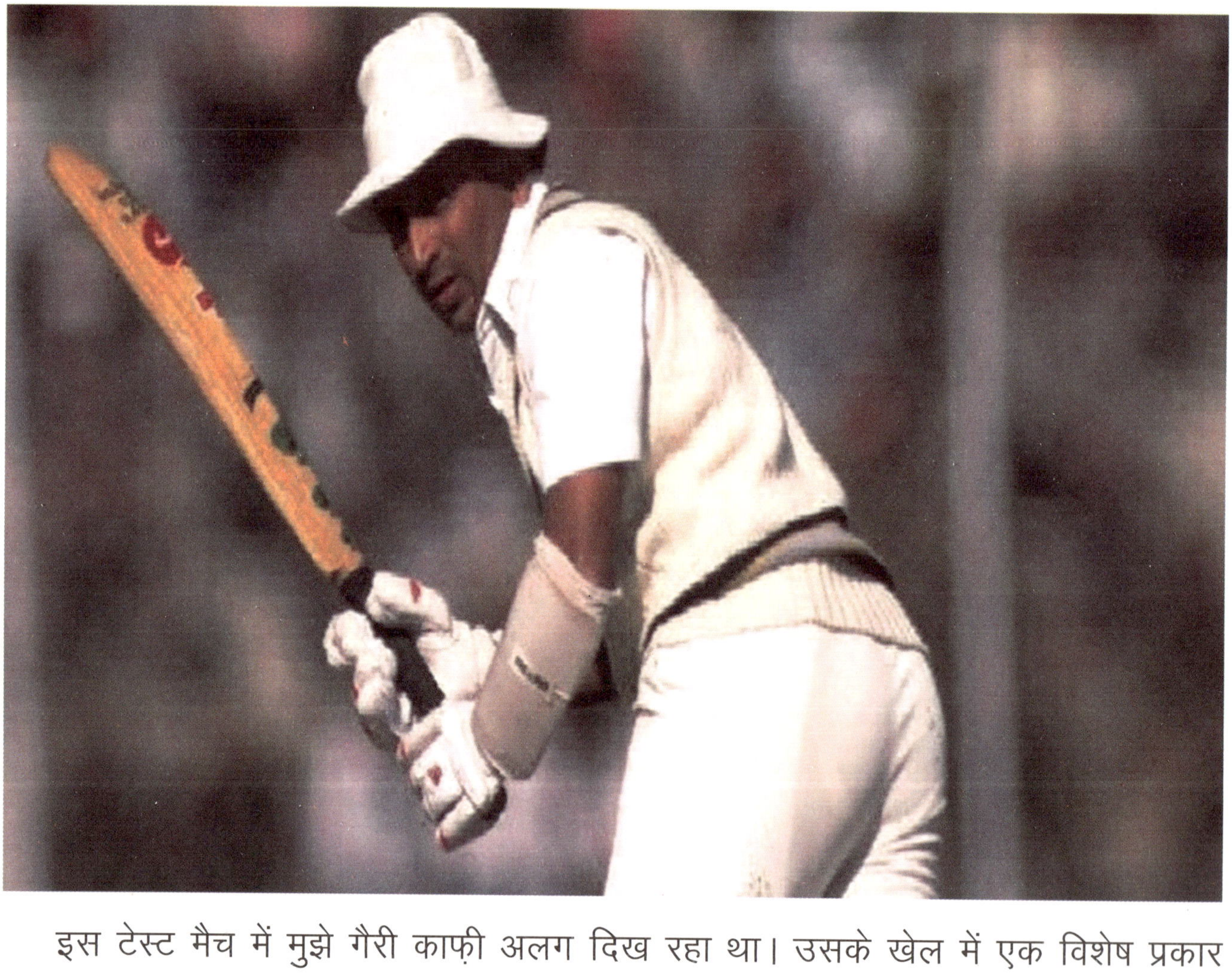

इस टेस्ट मैच में मुझे गैरी काफ़ी अलग दिख रहा था। उसके खेल में एक विशेष प्रकार की आक्रामकता दिख रही थी। सुबह उसने लगातार बॉलिंग की। गति तो उसके पास थी ही, साथ ही वह गेंद को दोनों तरफ़ स्विंग करवा रहा था। उसने आबिद को आउट कर पैवेलियन चलता किया। उसकी गेंदबाज़ी पर चार्ली डेविस ने आबिद का कैच पकड़ा

था। वाडेकर के क्रीज पर आते ही सोबर्स ने पहले एक बाउंसर और फिर एक यॉर्कर से उसका स्वागत किया। सोबर्स की गेंदबाज़ी खेलना कोई आसान काम नहीं था। अतिशय आत्मविश्वास के साथ अजित ने इस गेंदबाज़ी आक्रमण का सामना किया। परन्तु थोड़ी देर बाद ऑफ़ स्टम्प के बाहर जाती गेंद को छेड़ने के कारण अजित सोबर्स द्वारा लपक लिए गये। अजित के बाद दिलीप सरदेसाई खेलने आया। इसी बीच सोबर्स की एक शॉर्ट पिच गेंद को जब मैंने हूक करने की कोशिश की तो वह मेरे ही सीने पर लगी। मुझे थोड़ा दर्द हुआ लेकिन दाँत के दर्द से कम। हर बनते रन के साथ दाँत का दर्द भी बढ़ रहा था। रनों के लिए भागने के कारण यह दर्द और अधिक तेज़ी से बढ़ रहा था। इससे पहले भी मुझे दाँत के दर्द ने तंग किया था किन्तु इस बार यह असहनीय था। इस वेदना को झेलते हुए मेरा मन मज़बूत हुआ। मेरी एकाग्रता पीड़ा के साथ ख़ुद–ब–ख़ुद बढ़ने लगी। मेरा शतक पूरा हुआ और दिन का खेल ख़त्म होने पर मैं 110 रनों पर नाबाद था। मेरे साथी के रूप में सोलकर 3 रन बनाकर क्रीज पर मौजूद थे। टीम का स्कोर भी ठीक–ठाक ही था। हम 250/5 पर थे। हालाँकि दाँत का दर्द अभी भी जारी था। पैवेलियन में दिलीप व विश्वनाथ द्वारा किये जा रहे मज़ाक़ों पर मैं हँस भी नहीं पा रहा था। इतना ही नहीं, प्यासा होने पर पानी पीना भी अब मुश्किल था। मन कर रहा था उस दुखते हुए दाँत को जड़ से उखाड़ दूँ। परन्तु मैनेजर के.के. तारापोर ने मुझे मना किया। ''टेस्ट मैच के दौरान तुम इंजेक्शन या 'पेन किलर' मत लेना, नहीं तो तुम्हारी आँखों में झपकी आयेगी।'' उन्होंने मुझे चेताया। मैंने थोड़ा विरोध किया पर मेरी एक न चली। पाँच दिनों तक इस दर्द को सहन करने की कल्पना मात्र से ही मैं सिहर उठा। रात को नींद की गोली खायी तो थोड़ा सो पाया। नींद का प्रश्न तो थोड़ा हल हुआ किन्तु खाने का क्या? जब मैं चबाने की स्थिति में ही नहीं था तो खाता क्या? अगले दिन दूसरे दिन का खेल शुरू हुआ। मैंने 124 रन ही बनाये थे कि हॉलफोर्ड की गेंद पर लुईस को कैच थमा बैठा। उसके बाद वेस्टइंडीज की पहली पारी चौथे दिन 526 पर ख़त्म हुई। उनको 166 रनों की बढ़त हासिल हुई।

हमने दूसरी पारी की शुरुआत की। परन्तु मेरी जान निकली जा रही थी। कई दिनों से मैं भरपेट भोजन नहीं कर पाया था। ऐसी स्थिति में मैंने और आबिद ने खेलना शुरू किया। गैरी की गेंदबाज़ी पर आबिद जल्द ही आउट हो गया। उसके बाद अजित खेलने आया। मैदान पर आज मेरी और उसकी जोड़ी जम गयी। हमने एक लम्बी साझेदारी की। जिस वक़्त मैंने 51वाँ रन बनाया उस वक़्त दौरे पर मैंने 1000 रन पूरे किये। यह एक नया रिकॉर्ड था। चौथे दिन की समाप्ति पर हमारी स्थिति 94/1 की थी और मैं 57 रनों पर नाबाद था। दूसरे दिन मैंने और अजित ने 159 तक स्कोर को पहुँचाया ही था कि अजित आउट

हो गया। आउट होने से पहले उसने सोबर्स और शेफर्ड की गेंदों पर कई आकर्षक कवर ड्राइव लगाये थे। नोरीगा की गेंदों पर दो चौके लगाकर मैं अब अपने दूसरे शतक की तरफ़ बढ़ रहा था। यह देखकर सोबर्स ने क्षेत्ररक्षण को थोड़ा कड़क किया। लेकिन फिर भी मैंने शतक पूरा किया। 215 मिनट खेलकर 12 चौकों की मदद से मैंने शतक पूरा किया। दूसरी पारी में भी मेरे शतक को देखकर दर्शकों ने मेरा अभिनन्दन किया। मैच को देखने के लिए काफ़ी भीड़ जुटी थी। बहुत सारे दर्शक मेरा खेल देखने आये थे। दोनों पारियों में शतक जमाने वाला भारत का मैं केवल दूसरा बल्लेबाज़ था। 1947 के ऑस्ट्रेलिया दौरे पर विजय हजारे ने डॉन ब्रैडमैन की टीम के ख़िलाफ़ मुझसे पहले यह कारनामा किया था। आज विजय हजारे के समतुल्य रिकॉर्ड बनाने का मुझे अत्यन्त गर्व हुआ। मेरे माता–पिता को आज मुझ पर कितना गर्व हुआ होगा, यह सोचकर ही मेरा मन आनन्दित हो गया। चौथे दिन खेल की समाप्ति पर जब मैं 57 रनों पर नाबाद था उस वक़्त मुझे इस बात का ज़रा–सा भी आभास नहीं था कि मैं दूसरी पारी में भी शतक बना पाऊँगा।

पाँचवें दिन का खेल ख़त्म होने पर मैं 180 रनों पर नाबाद था। पैवेलियन लौटते समय दर्शकों ने तालियों की गड़गड़ाहट से मेरा एक बार फिर स्वागत किया। तालियों की वह ध्वनि आज भी मेरे कानों में गूँजती है। खेल का छठा व अन्तिम दिन शुरू हुआ। आज की सुबह ख़ास थी। इसलिए नहीं कि मैं दोहरे शतक के नज़दीक था बल्कि इसलिए कि आज एक प्रचण्ड वेदना से मुझे छुटकारा मिलने वाला था। भारत ने 324 रन बनाये थे। रनों की संख्या और बढ़ाना ज़रूरी था। आख़िरकार मैंने दोहरा शतक पूरा किया। ड्रोन की गेंद पर कवर ड्राइव लगाकर मैंने दोहरा शतक पूरा किया था। स्कोर बोर्ड के आँकड़े बदलते ही दर्शकों ने मैदान सिर पर उठा लिया। एक ओर तालियों की गड़गड़ाहट से चारों दिशाएँ गूँज उठीं। वहीं दूसरी ओर सैकड़ों लोग मेरा अभिनन्दन करने मैदान पर आ पहुँचे। एक भारतीय तो अपने साथ राष्ट्रध्वज लेकर आया था, उसने मुझे पकड़कर ध्वज को हवा में लहराया। अति उत्साहित दर्शकों ने मुझे कन्धे पर बिठाकर घुमाया। वह दृश्य काफ़ी यादगार था। अपने घर से हज़ारों मील दूर एक विदेशी धरती पर घटित यह अनुभव मैं जीवन भर नहीं भूल सकता। लेकिन उत्साहित दर्शकों ने मुझे अपने कन्धों से इस प्रकार नीचे पटका कि मेरा दाँत ही नहीं सारी बत्तीसी हिल गयी।

दोनों पारियों में शतक लगाने का आनन्द ही कुछ और होता है। कुछ पल के लिए मैं अपना दर्द भूल गया। दोहरे शतक के साथ मैंने एक नया रिकॉर्ड बनाया था–पहली पारी में शतक, दूसरी में दोहरा शतक। मुझसे पहले डग वालटर्स ने 1969 के सिडनी टेस्ट में यह कारनामा किया था। और संयोग कुछ ऐसा कि उस वक़्त भी प्रतिद्वन्द्वी टीम वेस्टइंडीज ही

थी। मैदान पर पुनः शान्ति होने के बाद एक बार फिर मैंने मेरा काम शुरू किया। मुझे मेरी ज़िम्मेदारी का एहसास था। मैं और ज़्यादा रन बनाने की कोशिश कर रहा था। परन्तु इसी बीच शेफर्ड की एक गेंद पर मैं 'प्लेड ऑन' हो गया। 32 चौकों की सहायता से 220 रन बनाकर मैं आउट हो गया।

पैवेलियन की तरफ़ लौटते हुए गैरी सोबर्स ने मेरी पीठ ठोंकी। वहीं दूसरी ओर सारा स्टेडियम खड़ा होकर मेरा अभिवादन कर रहा था। वह एक अद्‌भुत क्षण था। ड्रेसिंग रूम में मैं अपने पैड्स को खोल रहा था तभी विचार आया कि अब मैं अपना दुखने वाला दाँत निकलवा सकता हूँ। इस बार मैनेजर तारापोर ने भी मेरी विनती को मान लिया और हम सीधे डेंटिस्ट के पास चले गये। डॉक्टर ने मेरा दुखता हुआ दाँत अन्ततः निकाल दिया। उस वक़्त मैं मैच की कॉमेंटरी सुन रहा था। विश्वनाथ ने टाँग खींचते हुए दाँत को सोविनियर के तौर पर रखने की सलाह दी थी जो मैंने नहीं मानी। दाँत निकलवाकर जब मैं पुनः मैदान पर पहुँचा तो वेस्टइंडीज के पाँच खिलाड़ी आउट हो चुके थे। कन्हाई और सोबर्स के विकेट लगातार दो गेंदों पर आबिद ने चटका दिये थे। खेल समाप्ति के क़रीब पहुँचते–पहुँचते घरेलू टीम के नौ विकेट गिर चुके थे। विकेटकीपर लुईस अन्तिम बल्लेबाज़ के साथ मिलकर दिन का खेल ख़त्म होने तक क्रीज पर डटे रहे और अन्ततः टेस्ट मैच ड्रा हो गया।

वेस्टइंडीज इस टेस्ट मैच के शुरू में हावी था किन्तु अन्तिम दिन आते–आते उसे मैच बचाने के लिए संघर्ष करना पड़ा। दौरे का आख़िरी टेस्ट ड्रा रहने के बावजूद भी भारत ने वेस्टइंडीज के ख़िलाफ़ सीरीज़ जीत ली थी। पोर्ट ऑफ स्पेन में जीते गये दूसरे टेस्ट की बदौलत हमने सीरीज़ पर क़ब्ज़ा कर लिया। हर मायने में यह दौरा ख़ास था।

जब हम मुम्बई लौटे तो हमारा भव्य स्वागत हुआ। मुम्बई हवाई अड्डे पर तो जैसे जन सैलाब ही उमड़ पड़ा। हमारी सोच की अपेक्षा काफ़ी अधिक लोग आये थे। वह एक अद्‌भुत दृश्य था।

ग्राहम बेल

आशा कर्दले : 'विदेश' नामक उपन्यास से चर्चा में आयीं आशा कर्दले बाल–साहित्य के अलावा महत्त्वपूर्ण व्यक्तियों का जीवन चरित्र भी लिखती रही हैं। इनके द्वारा लिखित 'मदर टेरेसा' व 'पर्ल बक' का जीवन चरित्र काफ़ी चर्चित है।

टेलीफ़ोन के आविष्कारक ग्राहम बेल की जीवनी के माध्यम से एक वैज्ञानिक की शोधपरक दृष्टि पाठकों के सामने दृष्टिगोचर होती है।

बच्चों, मोबाइल फ़ोन के बारे में तो आप सब जानते हैं। छोटे बच्चों को तो यह एक खिलौने जैसा ही लगता है। ठीक से बोलना शुरू करने से पहले ही बच्चे आजकल 'हैलो हैलो' बोलने लगते हैं। आज का मोबाइल फ़ोन टेलीफ़ोन का काफ़ी विकसित रूप है। परन्तु क्या आप जानते हैं टेलीफ़ोन का मूल आविष्कार किसने किया था?

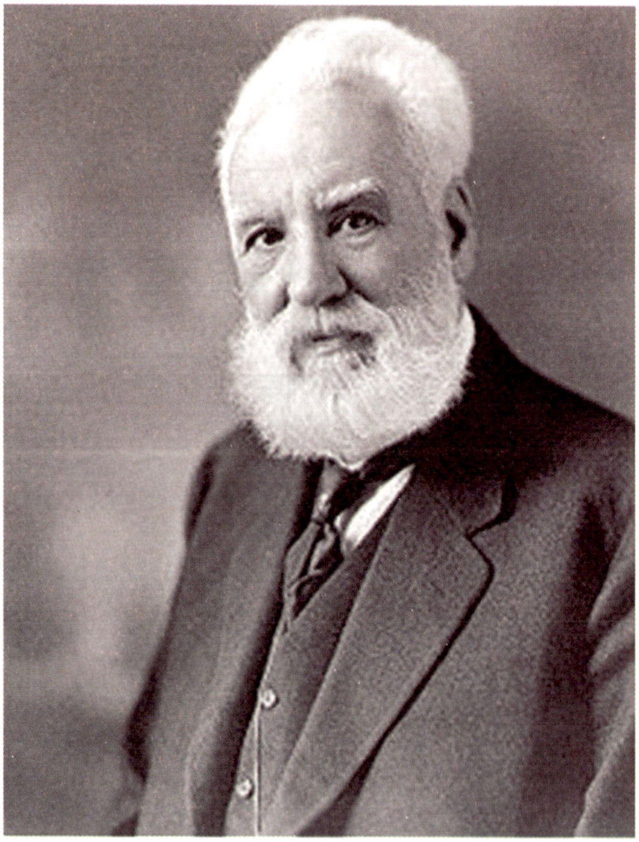

उस वैज्ञानिक का नाम था ऐलेक्ज़ैंडर ग्राहम बेल। उनका जन्म 3 मार्च, 1847 को स्कॉटलैंड के एडिनबर्ग प्रान्त में हुआ था। बचपन से ही वे काफ़ी होशियार थे। उनके पिता ध्वनि विज्ञान के जाने–माने प्रोफ़ेसर थे। पढ़ाई के प्रति ग्राहम बेल हमेशा से सजग थे। उन्होंने जल्दी–जल्दी अपनी पढ़ाई पूरी की।

बचपन से ही उनकी शोध वृत्ति ज़ाहिर हो गयी थी। एक दिन एडिनबर्ग में उनके अध्यापक सभी बच्चों को अन्न सड़ाने वाली फैक्टरी में ले गये। वहीं शिक्षक ने सभी बच्चों को भूसे में मिले गेहूँ देते हुए उसे घर से साफ़ कर लाने को कहा। बेल ने उस समय एक ख़ास तरीक़े का ब्रश बनाकर गेहूँ को भूसे से

अलग कर दिया। उन्होंने यह काम दूसरों की अपेक्षा बहुत जल्दी किया। और उनके गेहूँ दूसरों की तुलना में ज़्यादा साफ़ भी हुए थे। उन्होंने फैक्ट्ररी मालिक को ब्रश के इस्तेमाल के बारे में बताया। मालिक को यह युक्ति इतनी पसन्द आयी कि उन्होंने तुरन्त ब्रश की यह तकनीक अपने यन्त्रों में जुड़वा दी। लगभग तेईस साल की उम्र में बेल का स्वास्थ्य अचानक काफ़ी बिगड़ गया। वे देश छोड़कर पिताजी के साथ कनाडा चले गये। बाद में दो साल के पश्चात उन्होंने मूक–बधिरों को पढ़ाने वाले शिक्षकों के लिए एक विद्यालय खोला। बोलने की तकनीक के विषय में वे स्वयं शिक्षकों को जानकारी देते थे। उच्चारणशास्त्र के उनके प्रयोग काफ़ी सफल हुए थे। मूक–बधिरों को बोलना सिखाने में उनकी विशेष रुचि के कारण ही टेलीफ़ोन का आविष्कार हुआ। बधिर व्यक्ति भी सुन सकें ऐसे यन्त्र के बारे में वे लगातार सोच रहे थे। उसी समय एक बधिर लड़की से उन्होंने शादी भी कर ली।

उन्हें इस बात का भरोसा था कि विद्युत शक्ति के माध्यम से मीलों दूर बैठा एक व्यक्ति दूसरे व्यक्ति से बातचीत कर सकता है। प्रयोग व अध्ययन के लिए उन्होंने एक मृत व्यक्ति के कान का बाहरी व अन्दरूनी हिस्सा हासिल किया। कान में सुनने की प्रक्रिया कैसे काम करती है इसका उन्होंने गहन अध्ययन किया। इसी अध्ययन से उन्होंने जो उपकरण तैयार किये वह टेलीफ़ोन का शुरुआती रूप था।

बेल और उनके सहयोगी वाटसन ने बोस्टन के एक सस्ते होटल में कमरा लिया और किसी को बिना बताये दोनों वहाँ रहने लगे। अपने उपकरणों को होटल के कमरे में लाकर वे दिन–रात काम करने लगे।

बोलने वाले व्यक्ति की आवाज़ का आदान–प्रदान एक स्थान से दूसरे स्थान तक तार के माध्यम से स्थापित हो इसके लिए वे भरसक कोशिश कर रहे थे। सफलता मिलने की उम्मीद बँध रही थी।

10 मार्च, 1876 की दोपहर वाटसन होटल के बेसमेंट में रिसीवर अपने कान में लगाकर बैठे थे और बेसब्री से बेल की आवाज़ का इन्तज़ार कर रहे थे। आख़िरकार उन्होंने वे मानवीय शब्द स्पष्ट सुने। बेल ने कहा था, ''मिस्टर वाटसन, कृपया यहाँ आइए। मुझे आपकी ज़रूरत है।'' टेलीफ़ोन पर बोले गये यही थे दुनिया के पहले शब्द।

ख़ुशी से पागल वाटसन तुरन्त दौड़कर ऊपर पहुँचे और एक छोटे बच्चे की तरह बोले, ''बेल जो तुमने कहा–वो मैंने सुना। एकदम साफ़ सुना।''

उसी वर्ष एक बड़ी विज्ञान प्रदर्शनी में बेल ने अपने टेलीफ़ोन को प्रस्तुत किया। लोगों ने पहली नज़र में इस उपकरण पर कोई ख़ास ध्यान नहीं दिया।

ब्राजील के राजा भी वह प्रदर्शनी देखने आये थे। उन्होंने रिसीवर उठाया तो दूसरे छोर से बेल ने उनके साथ बातचीत की। राजा आश्चर्यचकित हुए। उन्होंने कहा, ''बाप रे! यह यन्त्र तो बोलता है।''

उसी समय से लोगों को टेलीफ़ोन का महत्त्व समझ में आया। टेलीफ़ोन का उपयोग बढ़े इसलिए बेल ने एक कम्पनी स्थापित की। आगे चलकर टेलीफ़ोन में काफ़ी सुधार होते गये। उनके जीवनकाल में उन्होंने देखा कि सारे महाद्वीप उनके खोजे हुए यन्त्र के माध्यम से जुड़ गये हैं।

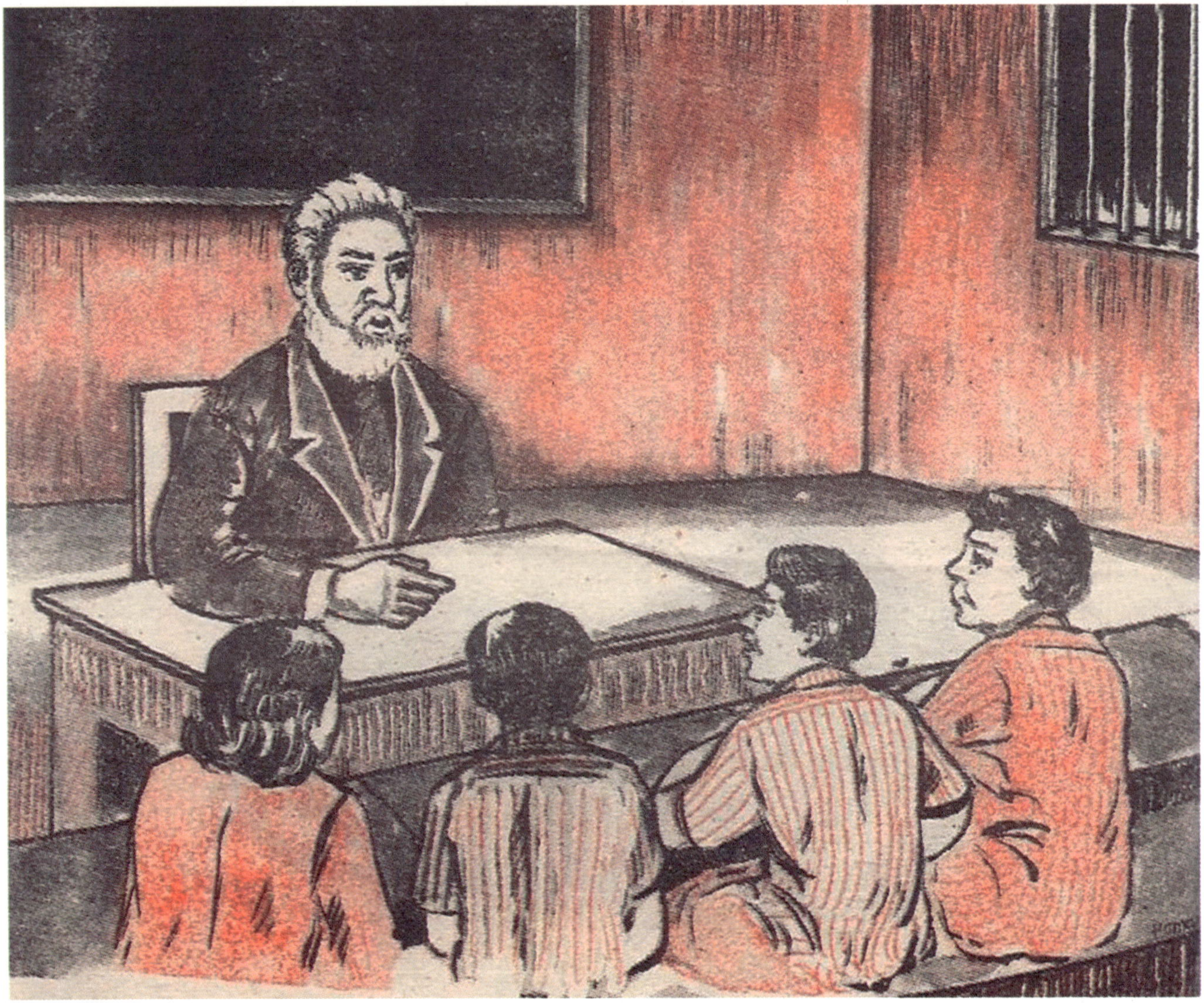

हालाँकि बेल ने टेलीफ़ोन का आविष्कार किया था परन्तु उन्हें इससे काफ़ी नफ़रत थी। काम करते समय टेलीफ़ोन की बजती घण्टी उन्हें बिलकुल नहीं सुहाती थी।

एक दिन किसी समारोह में एक महिला ने उनसे कहा, ''मुझे आप जैसे महान वैज्ञानिक से मिलकर ख़ुशी हो रही है। परन्तु मिस्टर बेल मुझे लगता है कि आपने अगर टेलीफ़ोन की खोज नहीं की होती तो अच्छा होता।'' कुछ ज़्यादा ही बोल दिया यह सोचकर महिला ने दाँतों तले जीभ दबा ली। उन्हें ऐसा करते देख ग्राहम बेल ने कहा, ''मैं जानता हूँ आप सही कह रही हैं। इसलिए मैं ख़ुद भी कभी टेलीफ़ोन का प्रयोग नहीं करता।''

संघर्ष यात्री : स्टीफन हॉकिंग

ज्ञानदेव पोल : दूसरे विश्वयुद्ध के दौरान 8 जनवरी, 1942 को इंग्लैंड के ऑक्सफोर्ड में स्टीफन हॉकिंग का जन्म हुआ। उनके माता–पिता फ्रेंक व ईसाबेल मध्यवर्गीय किन्तु उच्च शिक्षित परिवार से सम्बन्धित थे। बाल्यकाल के समय स्टीफन के घर की आर्थिक परिस्थिति काफ़ी नाजुक थी।

स्टीफन हॉकिंग के चरित्र–चित्रण के माध्यम से लेखक ने एक महान वैज्ञानिक के कार्यों के उल्लेख के साथ–साथ शारीरिक अक्षमता के साथ उनके संघर्ष को भी दिखाया है। स्टीफन हॉकिंग जीवन भर शारीरिक विकलांगता से लड़ते हुए भी मानवता के विकास और ख़ुशहाली के लिए कार्य करते रहे।

गणित व विज्ञान विषयों में निपुण स्टीफन को बचपन से ही संगीत और वाचन में विशेष रुचि थी। गणित और भौतिकी में उनकी विशेष रुचि व निपुणता के कारण ही उनके सहपाठी उन्हें आइंस्टीन के नाम से भी पुकारते थे। स्कूल में पढ़ते–पढ़ते ही उन्होंने अपने मित्रों के साथ मिलकर रद्दी उपकरणों से एक कम्प्यूटर बना डाला था। लन्दन के एक हाईस्कूल सेट एलबांस की परीक्षा पास करने के बाद उन्होंने उच्च शिक्षा के लिए ऑक्सफोर्ड विश्वविद्यालय में प्रवेश लिया। वहाँ उन्होंने स्नातक की डिग्री प्राप्त की। तत्पश्चात आगे की पढ़ाई के लिए वे कैम्ब्रिज विश्वविद्यालय चले गये।

इसी दौरान लगभग इक्कीस वर्ष की उम्र में एक छुट्टी के दिन विश्वविद्यालय से अपने घर आये और किसी काम के लिए ऊपर चढ़े तो उतरते समय सीढ़ी से गिर पड़े। गिरते ही वे बेहोश हो गये। उन्हें तुरन्त अस्पताल पहुँचाया गया। किन्तु, डॉक्टर कुछ भी कहने की स्थिति में नहीं थे। केवल इक्कीस वर्ष की उम्र में ही नियति ने एक दुर्लभ बीमारी 'मोटर न्यूरॉन डिज़ीज' से उन्हें ग्रसित कर दिया। इस बीमारी ने एक नौजवान व बुद्धिमान व्यक्ति को बिस्तर पर डाल दिया। अब स्टीफन को जीवन का कोई मक़सद नहीं दिखाई दे रहा था। अत्यधिक निराशा में वे अपने दिन काटने लगे। परन्तु जब उन्होंने एक व्यक्ति को असंख्य रोगों से ग्रस्त होने के बाद भी जीने के लिए संघर्ष करते देखा तो स्वयं उनमें भी एक नयी ऊर्जा का संचार हुआ। वहीं से स्टीफन हॉकिंग नाम के व्यक्ति के चर्चे शुरू हुए। डॉक्टरों द्वारा दिये गये केवल दो

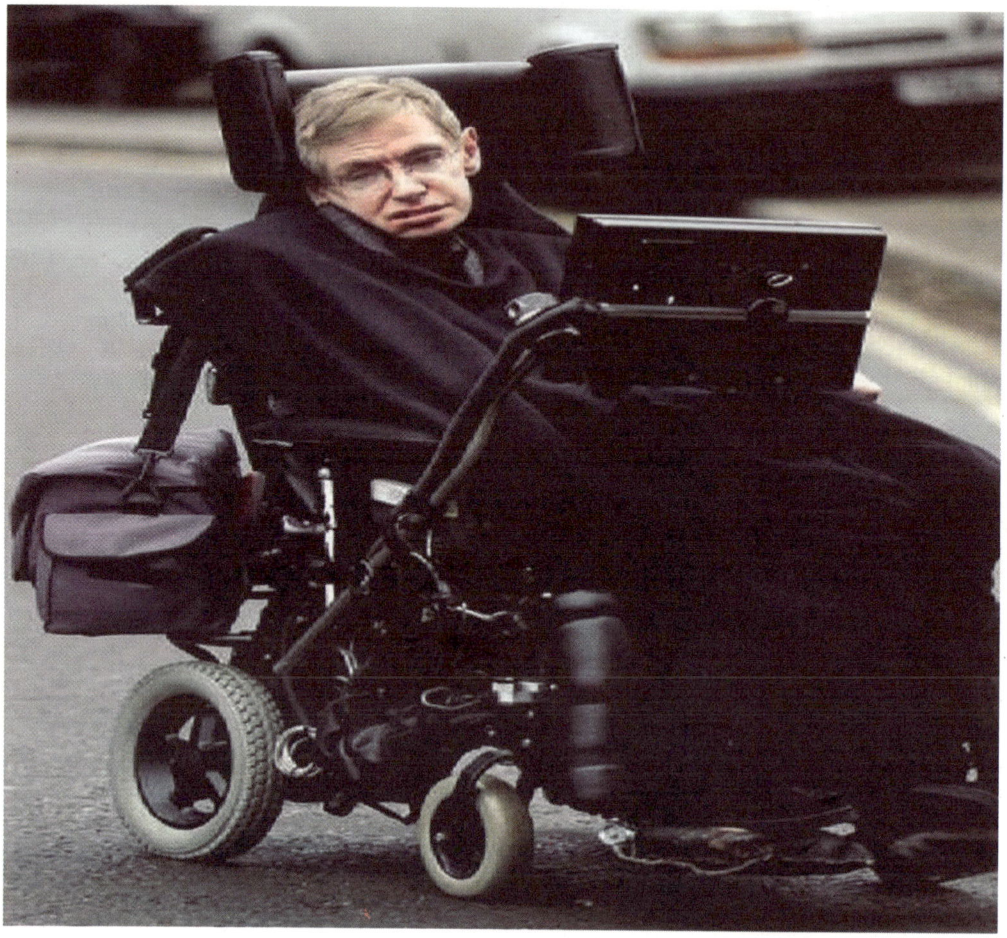

साल के समय को दरकिनार करते हुए स्टीफन ने जीने की ज़िद नहीं छोड़ी। यह जानते हुए भी कि स्टीफन की जीवनावधि अधिक नहीं बची है उनकी दोस्त जेन वाइल्ड ने उनसे शादी करने का फ़ैसला किया। विवाह के बाद जेन स्टीफन के लिए जीवन जीने का एक नया ज़रिया बन गयी।

व्हील चेयर का सहारा लेकर बाद में स्टीफन कैम्ब्रिज विश्वविद्यालय में प्रोफ़ेसर बने। बिस्तर पर रहते हुए भी उनका शोधपरक दिमाग़ हमेशा कार्यरत रहा। व्हील चेयर पर बैठे–बैठे भी वे नये–नये शोध कार्यों को मूर्त रूप देने लगे। स्टीफन केवल ज़िन्दा ही नहीं रहे अपितु एक वैज्ञानिक के तौर पर सारे संसार में उनकी ख्याति फैलने लगी। गणित व भौतिकशास्त्र में उन्होंने कई सफल प्रयोग किये। साथ ही ब्रह्माण्ड का रहस्य उजागर करने के कई सफल प्रयोगों को उन्होंने अंजाम दिया। निरन्तर व्याप्त आण्विक शक्ति व निरन्तर होने वाले रासायनिक हमलों के कारण एक दिन अवश्य ही पृथ्वी का विनाश हो जायेगा आदि भविष्यवाणियाँ भी उन्होंने अपने वैज्ञानिक जीवन में बड़ी दृढ़ता से कीं।

परन्तु धीरे–धीरे शरीर उनका साथ छोड़ने लगा। उन्हें कई ऑपरेशन भी करवाने पड़े। अन्ततः उनकी श्वास नली को हटाकर ऑपरेशन करने का समय भी आ गया। कुछ भी निगलने पर उन्हें बहुत परेशानी होती थी। आख़िरकार एक दिन नियति ने उनसे उनकी आवाज़ भी छीन ली। इस बीमारी के कारण उनकी शारीरिक गतिविधियाँ एकदम बन्द हो गयीं। हालाँकि एक हाथ की उँगलियों में अभी भी हलचल थी। उनका प्रयोग कर अपने कम्प्यूटर पर काम जारी रखा। उनके मित्र डेविड मेसन जो कि एक कम्प्यूटर वैज्ञानिक थे,

उनकी काफ़ी मदद की। उन्होंने एक मशीन स्टीफन की व्हील चेयर से ही जोड़ दी। साथ ही इस मशीन में उन्होंने एक ख़ास शब्दावली की प्रोग्रामिंग की। वॉयस सिंथेसाइजर की इस तकनीक के माध्यम से स्टीफन अब अपनी बात कहने लगे।

व्हील चेयर से जुड़ी इस तकनीक के माध्यम से संसार के अनगिनत लोगों ने उनके जीवन व शोधकार्यों के बारे में जाना। एक अपंग शरीर व एक सौ साठ के आई.क्यू. को साथ लेकर स्टीफन हॉकिंग ने क्या नहीं हासिल किया? उन्होंने नित नये शोधकार्य किये। उदाहरणस्वरूप बिग बैंग, क्वान्टम थ्योरी आदि वैज्ञानिक अवधारणाओं में उन्होंने महत्त्वपूर्ण योगदान दिया। साथ ही सैद्धान्तिक भौतिकशास्त्र में उनका योगदान अतुलनीय है। ब्रह्माण्ड की शुरुआत से ही 'ब्लैक होल' का निर्माण किस प्रकार हुआ आदि अनेक घटनाओं की उन्होंने खोज की। ब्रह्माण्ड की उत्पत्ति के विषय में उनके शोध और विचारों को अनेक वैज्ञानिकों ने माना है।

अन्तरिक्ष व भौतिकी में किये गये उनके शोधकार्य के लिए स्टीफन हॉकिंग को पूरी दुनिया में मान्यता मिली। उनकी गणना निरन्तर ही दस सर्वोत्तम वैज्ञानिकों में होती रही है। 1988 में लिखी उनकी पुस्तक 'ए ब्रीफ़ हिस्ट्री ऑफ टाइम' की लाखों प्रतियाँ संसार भर में बिकीं।

इस पुस्तक में उन्होंने बिग बैंग व ब्लैक होल की विस्तार से विवेचना की है। इसी पुस्तक में ईश्वर के अस्तित्व को नकारने के कारण उन्हें कड़ी आलोचना भी झेलनी पड़ी। 'लाइफ इन द यूनिवर्स' में उन्होंने भविष्य में ऐलियन और मानव की भेंट होने की सम्भावना व्यक्त की है। स्टीफन हॉकिंग ने बच्चों के लिए भी वैज्ञानिक पुस्तकों का लेखन किया। इसमें 'जॉर्ज'स सीक्रेट की टू यूनिवर्स', 'जार्ज'स कॉसमिक ट्रेजर हंट' विशेष हैं।

लगभग पचास साल तक मृत्यु को चकमा देकर स्टीफन जीवित रहे। बाद में वे नासा से जुड़े। 2007 में उन्होंने आकाश में ज़ीरो ग्रेविटी का भी अनुभव लिया। इस अनुभव के दौरान वे लगभग अड़तालीस साल के बाद पहली बार व्हील चेयर से अलग होकर हवा में तैर रहे थे।

2011 में 'द गार्जियन' को दिये गये साक्षात्कार में उन्होंने कहा था, "पिछले पचास साल मृत्यु के साये में जीते हुए भी मैं जीवन जीने की अपनी ज़िद पर अड़ा हुआ हूँ। मैं कभी भी मृत्यु से नहीं घबराता। मुझे मरने की जल्दी भी नहीं है क्योंकि यह दुनिया छोड़ने से पहले मुझे अनेक काम करने हैं।" इसी ज़िद व इच्छाशक्ति के कारण लगभग पचास वर्ष व्हील चेयर पर बिताने के बाद भी उनका जीवन एक कौतूहल और प्रेरणा का स्रोत बना रहा।

डॉक्टरों द्वारा केवल दो साल का जीवन दिये जाने के बावजूद अपनी ज़िद और संघर्ष के बल पर स्टीफन हॉकिंग ने एक प्रेरणादायक जीवन जिया। आख़िरकार 14 मार्च, 2018 को उन्होंने इस दुनिया को अलविदा कह दिया। स्टीफन हॉकिंग हमेशा हम सबके लिए प्रेरणा बने रहेंगे।

मेरा बचपन

डॉ. ए.पी.जे. अब्दुल कलाम (जन्म 1931–मृत्यु 2015) : भारत के विख्यात वैज्ञानिक, अणुशास्त्री, पूर्व राष्ट्रपति, वृक्ष प्रेमी, जाने–माने शिक्षक और बालक प्रेमी। 'विंग्स ऑफ फॉयर', 'इंडिया 2020', 'ए विजन फॉर दि न्यू मिलेनियम' और 'इगनाइटेड माइंड्स' आदि पुस्तकों के लेखक। डॉ. कलाम भारत के सबसे लोकप्रिय राष्ट्रपतियों में से एक हैं। उनकी उपलब्धियों के लिए उन्हें पद्मभूषण, पद्मविभूषण और भारतरत्न जैसे पुरस्कारों से भी सम्मानित किया गया।

प्रस्तुत पाठ के माध्यम से डॉ. कलाम के बाल समय का ज़िक्र किया गया है। प्रतिकूल परिस्थितियों में भी सफलता प्राप्त करने का हौसला और उनके माता–पिता का उनके जीवन में सकारात्मक प्रभाव आदि को उल्लेखित करती यह कहानी 'विंग्स ऑफ फायर' से उद्धृत है।

मेरे बाल्यकाल के संसार में पुस्तक एक दुर्लभ वस्तु थी। मेरे गाँव में एस.टी. आर. माणिकम नाम के एक क्रान्तिकारी राष्ट्रभक्त रहते थे। उनके पास पुस्तकों का एक अच्छा–खासा संग्रह था। उन्होंने मुझे पुस्तकों के पढ़ने के लिए प्रोत्साहित किया। मुझे जो भी मिल जाता मैं पढ़ लेता। मैं हमेशा उनसे पुस्तकें प्राप्त करने की ताक में रहता।

बचपन में मेरे ऊपर मेरे एक दूर के रिश्तेदार शमशुद्दीन जो कि मेरे भाई लगते हैं, का बड़ा प्रभाव था। रामेश्वरम् में आने वाले अख़बारों का वह इकलौता वितरक था। रोज़ सुबह रेलगाड़ी से 'पबंन' नामक गाँव से अख़बारों के गट्ठे हमारे यहाँ पहुँचते थे। दूसरे शब्दों में कहें तो हज़ार लोगों की आबादी वाले मेरे गाँव की पढ़ने की ज़रूरत को वह पूरा करते थे। स्वतन्त्रता के लिए लड़ी जा रही आज़ादी की लड़ाई की जानकारी भी हमें इन्हीं समाचार–पत्रों से मिलती थी। लोग अपनी जिज्ञासा के अनुसार समाचार–पत्रों को पढ़ते थे। किसी को अपना भविष्य जानने में दिलचस्पी होती थी तो किसी को सोना–चाँदी का भाव। कुछ को हिटलर, महात्मा गाँधी, बैरिस्टर जिन्ना की जानकारी समाचारों की ओर खींचती थी। परन्तु सबसे अधिक रुचि लोगों को पेरियार ई.वी. रामास्वामी के सामाजिक आन्दोलनों की ख़बरें पढ़ने में होती थी। 'दिनमणि' उस समय तमिल भाषा में सबसे अधिक लोकप्रिय समाचार–पत्र था। परन्तु उस समय मुझे अक्षर पढ़ने नहीं आते थे। समाचार–पत्र में छपे

चित्रों को देखकर ही मैं सन्तुष्ट हो जाता था। पेपर लोगों में बँटते इससे पहले ही मैं सब चित्रों को देखने की कोशिश करता।

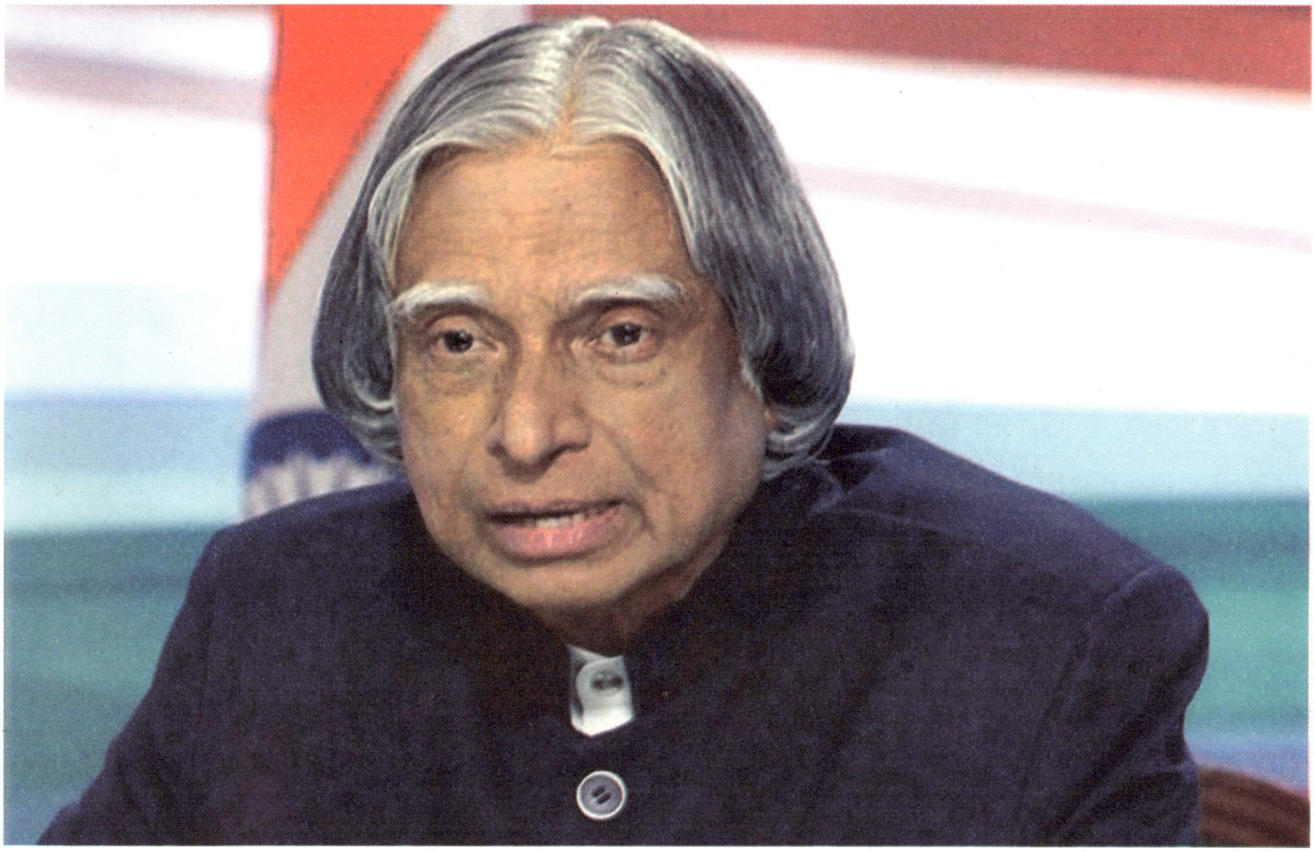

1939 में जब मैं आठ साल का था, द्वितीय विश्वयुद्ध शुरू हो गया। कारण क्या था पता नहीं, परन्तु उन्हीं दिनों इमली के बीजों की माँग अत्यधिक बढ़ गयी। मैं बीजों को इकट्ठा कर मस्जिद के समीप वाली दुकान में बेचा करता था। इससे मुझे एक आने की कमाई होती थी। मेरे पिताजी ने लकड़ी की नौका बनाने का व्यवसाय शुरू किया। हमारे ही गाँव के एक कॉन्ट्रैक्टर अहमद जलालुद्दीन के साथ वह नियमित रूप से कार्य करने लगे। बाद में मेरी बहन जोहरा से जलालुद्दीन ने विवाह किया। जलालुद्दीन मुझे अक्सर ही युद्ध के क़िस्से सुनाता और मैं उन क़िस्सों को अख़बारों में ढूँढ़ने की कोशिश करता। मेरे छोटे से गाँव में इतनी दूर, युद्ध के परिणाम को अनुभव करना काफ़ी मुश्किल था। परन्तु धीरे–धीरे भारत को भी इस युद्ध में घसीट लिया गया। हमारे देश में भी आपातकाल की स्थिति घोषित कर दी गयी।

रोज़ सुबह पबंन से आने वाली गाड़ी अब रामेश्वरम् में रुकना बन्द हो गयी। यह हमारे जीवन पर युद्ध का पहला आघात था। परिणामतः अब चलती गाड़ी से ही समाचार–पत्रों के गट्ठे नीचे फेंके जाते। उन गट्ठों को इकट्ठा करने के लिए शमशुद्दीन को एक व्यक्ति की ज़रूरत थी। मुझसे ज़्यादा कोई उपयोगी व्यक्ति उसकी नज़र में नहीं था। जीवन में मेहनत

की पहली कमाई हासिल करने में शमशुद्दीन का योगदान रहा। आज इतने सालों के बाद भी जब मैं पीछे मुड़कर देखता हूँ तो वह मेहनत की कमाई मेरे स्मृति–पटल पर छा जाती है।

अपने पिता से मैंने ईमानदारी व अनुशासन सीखा। वहीं दूसरी ओर माँ के द्वारा मुझे अच्छाई पर भरोसा करने की सीख मिली। उनकी दयालुता मैंने ग्रहण करने की कोशिश भी इसी समय शुरू की। ये गुण तो मेरे बाक़ी भाई–बहनों को भी विरासत में मिले, पर जलालुद्दीन व शमशुद्दीन के साथ निकटता के कारण मेरा स्वतन्त्र व्यक्तित्व बन पाया। पाठशाला में भी न पढ़ाये जाने वाले चतुरता के गुण मैंने जलालुद्दीन से सीखे। वहीं दूसरी ओर शमशुद्दीन से मैंने दूसरों के चेहरे व आँखों को पढ़ना सीखा। मुझे इस बात को स्वीकारने में हर्ष होता है कि मेरे व्यक्तित्व के विकास में इन दोनों व्यक्तियों का महत्त्वपूर्ण योगदान था। आगे की शिक्षा हेतु रामेश्वरम् छोड़ रामनाथपुरम् जाने की अनुमति मैंने पिताजी से माँगी। वे कुछ पल के लिए चुपचाप सोचने लगे। थोड़ी देर बाद बोले, ''अबु, अगर तुम्हें जीवन में आगे बढ़ना है तो शिक्षा के लिए बाहर तो जाना ही पड़ेगा। सिगल पक्षी भी अपना स्थान छोड़कर नये प्रदेशों में जाते हैं। उसी प्रकार यहाँ की मिट्टी व स्मृति का मोह छोड़कर अपने लक्ष्य की प्राप्ति हेतु तुम्हें यहाँ से जाना ही होगा। मैं तुम्हें अपने प्रेम में बाँधूँगा नहीं। और न ही तुम्हारे रास्ते में कोई रुकावट परिवार की तरफ़ से आयेगी।'' मुझे दूर भेजने को लेकर मेरी माँ चिन्ताग्रस्त थीं।

शमशुद्दीन व जलालुद्दीन मेरे साथ रामनाथपुरम् आये। उन्होंने मुझे स्कूल में दाख़िल कराया और मेरे रहने–खाने की उत्तम व्यवस्था की। परन्तु श्वार्ट्ज़ हाईस्कूल के नये परिवेश में मेरा मन नहीं लग रहा था। पचास हज़ार की आबादी वाले इस शहर में हमेशा चहल–पहल रहती थी। रामेश्वरम् की अपेक्षा यह शहर काफ़ी अलग था। मुझे रामेश्वरम् की याद अनमना करती थी। मैं वहाँ जाने का कोई भी मौक़ा हाथ से नहीं जाने देता था। यहाँ की उत्तम शिक्षा की अपेक्षा माँ के हाथ का बना भोजन मुझे ज़्यादा प्रिय था। धीरे–धीरे अपने घर से बनी दूरी को मैंने स्वीकार लिया था। वातावरण के अनुसार स्वयं को ढालने का इरादा अब मैंने पक्का कर लिया। इसका मुख्य कारण था मेरे पिताजी द्वारा मुझ पर जताया गया भरोसा व उम्मीद। मैं कलेक्टर बनूँ ऐसी उनकी इच्छा थी। उनके सपनों को साकार करना मेरा कर्तव्य था। इसी कारण मेरे लिए रामेश्वरम् के सुरक्षित वातावरण व प्रेम का त्याग करना ज़रूरी था।

❒❒